진우의 거울

진우의 거울

초판 1쇄 발행 2025년 11월 10일

지은이 김인규
발행인 송진아
편 집 아이핑크
디자인 박세리
제 작 제이오앨엔피
펴낸곳 푸른칠판
등 록 2018년 10월 10일(제2018-000038호)
팩 스 02-6455-5927
이메일 greenboard1@daum.net
ISBN 979-11-91638-29-5 03370

* 이 책은 저작권법에 따라 보호를 받는 저작물이므로 무단 전재와 무단 복제를 금지하며,
  이 책의 전부 또는 일부를 이용하려면 반드시 저작권자와 푸른칠판의 서면 동의를 받아야 합니다.
* 책 값은 뒤표지에 있습니다.

진 우 의 　　 거 울
김인규

프른칠판

차례

들어가는 글。6

1 진우로부터

문득 찾아온 진우。16 미술 교사의 삶과 작가의 삶。19 저버릴 수 없는, 아빠로서의 삶。22 의미 있는 기록의 시작。25 혹시 수재가 아닐까。28 희망을 향해 움직이는 마음。31 또다시 병원으로。34 세상이 갈라져 버린 그날 이후。37 비현실 같은 현실을 인정하다。40 죄의식은 아무 도움이 되지 않는다。43 진우와 엄마 학교로。46 명화학교에서의 첫 사회생활。49 4월의 엄마학교에서。52 글자를 읽어 나가기 시작하다。54 장애를 받아들인다는 것。57 특별한 능력이 있는 건 아닐까。60 불가사의한 암기력。63 비디오 기록 수준의 기억력。66 계산하지 않아도 되는 자유。69 셈 공부를 통해 알게 된 것。72 엄마가 본 진우가 못하는 것과 잘하는 것。75 아빠가 본 진우가 잘하는 것과 못하는 것。77 몰라도 너무 모르고 있던 것。80 1년간의 양치 공부。83

2 발달장애인들과 미술 활동을 하면서

할 수 있는 것을 통해 할 수 있게 되는 것。88 발달장애 아동들의 미술교육에 대해。91 즐거운 놀이가 되기를 바라며。94 기대했던 것과 안 되는 것들。97 할 수 있는 일이 별로 없다는 벽。100 시키고 가르쳐야 한다는 마음。103 처음부터 다시 배워야 한다。106 할 수 있는 일이 없어도 함께하는 일。109 앞날이 안 보이는 절망에 지쳐 갈 때。112 미래에 대한 걱정은 내려놓기로。115 장애 아동을 교육의 대상으로만 본다면。118 할 수 있는 것을 할 때 이뤄지는 일。121 소중한 것들을 잃어 가고 있는 우리。 124 독립적인 성장과 뭐든 잘하게 되는 것。127 정상 값에 이르지 못하는 이에 대한 혐오。130

3   비로소 알게 된 것들

발달장애인만의 문제일까。134 유독 못하는 아이。137 할 수 없는 것들을 숨기는 일。140 사람은 어떤 존재여야 할까。143 못하는 것은 못하기。146 발달장애인에게 '성공'이란。149 즐거움을 쫓는 일과 사회적으로 성공하는 일。152 발달장애인은 절망하지 않는다。155 목표를 향한 노력으로 빡빡해지는 삶。158 틀에 가둬지지 않는 마음의 모양。161 끌리는 곳으로 정처 없이 흐르는 마음。164 계산하는 마음이 없다면。167 비교하는 마음에서 벗어난다면。170 타인의 세계와 자기 자신。173 타인과 견주지 않는 사람들。176 자신만의 영역을 지켜 내는 삶。179

4   누구나 존중받아야 하는 삶이 있다

있는 그대로 받아들이는 마음。184 진우가 만난 크나큰 행운。187 한 인간으로서 존중받는 삶。190 반복을 통해 익숙해지는 것들。193 기차와 함께하는 신나는 일상。196 혼자서 해내는 기차 여행。199 가슴을 쓸어내렸던 새 도전。202 자신만의 즐거움으로 삶을 만들어 가는 일。205 발달장애인의 사회생활을 지탱해 주는 것들。208 고통스러웠던 치과 진료의 반전。211 변화하고 성장할 기회만 보장해 준다면。214 할 수 있는가 없는가의 문제。217 다시 나의 삶으로 돌아와서。220 진우가 여전히 잘 못하는 일, 그리고 잘하는 일。223

들어가는 글

아이 셋을 낳아 키운 부모로서 또한 교단에서 수많은 아이들을 가르친 교사로서 살아온 나의 삶에 대한 반성문 같은 글이라 할 수 있다. 그렇다고 일부러 잘못을 저지르며 살아왔다는 이야기는 아니다. 지난 시간을 돌이켜 보면 순간순간 최선의 선택을 했고 최선을 다했던 것 같다. 잘해 보려 애썼고 노력했다. 적어도 그때는 분명 그것이 최선이라고 생각했다. 그러나 세월이 지나고 지나 그렇지 않았다는 것을 알게 되었다. 내가 많이 무지했다는 것을 알게 된 것이다.

나 또한 누구의 자식으로서 누구의 학생으로서 배우며 성장하였을 것이다. 세상을 보는 눈을 배우고 삶의 태도를 익히는 과정을 지나왔을 것이다. 그렇게 형성된 태도와 지식을 바탕으로 나 또한 부모 노릇과 선생 노릇을 한 셈이다. 그러나 세월이 흘러 나이가 드는 일은 젊은 시절 그때의 많은 것들이 틀렸다는 것을 깨닫는 과정이 되었다. 참 아쉬운 일이다. 아이들을 다 키웠을 뿐 아니라 나의 많은 삶이 지나가고 난 후에야 깨닫다니. 이젠 돌이킬 수 없는 시간들인데 말이다. 산다는 것이 본래 그런 것이리라 생각하면 조금이나마 위안은 되지만 아쉬운 마음은 어찌할 수가 없다. 이제라도 그런 나의 경험들을 나누려는 것은 사람들에게 조금이나마 도움이 되었으면 하는 바람 때문이다.

　　나에게는 사람과 그 삶에 대해 다시 생각하고 생각하게 만든 특별한 계기가 있었다. 나의 잘못들을 깨우치게 만든 계기 말이다. 그런 계기가 없었다면 나는 여전히 젊은 시절과 별반 다를 바 없이 나이만 먹었을지도 모른다. 그러니 그 계기가 나에게는 행운이었다고 말해야 할까. 그것은 참 얄궂은 일이다. 그 계기라는 것이 나의 사랑하는 막내아들 진우와 관련된 아픔이니 말이다. 위로 두 아이가 있지만 뒤늦게 생겨난 막내 진우는 나에게 참으로 예기치 못한 사건이었다. 나의 삶이 그 이전과 이후로 완전히 나눠졌으니 말이다. 당연하게 여겼던 일들이 당연하지 않은 일이 되고 당연하지 않던 일들이 당연해지는 과정이었다. 세상이 완전히 뒤엎어지는 과정이었다고 할 수 있다. 그래서 이 책은 진우가 나에게 찾아온 그 순간부터 시작된다. 그리고 진우와 하루하루를 살아왔던 과정들을 더듬어 가며 이야기를 풀어 갈 것이다. 종종 불편함이 동반될 것이다. 평상심을 유지하기 어려울 수도 있다. 그래도 길을 나선다.

진우가 나를 저 고통의 바닥까지 이끌고 내려갔다면 동시에 나에게 엄청난 깨달음을 가져다 주었다고 할 수 있다. 진우와 함께 살아오는 과정을 통해 더 많은 자유를 얻었다면 참으로 아이러니한 일이다. 어쩌면 자유란 겪는 아픔과 비례하는 것인지도 모른다. 진우와 함께하는 아픔을 겪는 동안 삶을 되돌아볼 수 있는 시야를 얻게 되었다. 그러면서 스스로 얼마나 쓸데없는 것들에 얽매여 있었는지 돌아보게 되었다. 왜 그리 얽매여 살았는지 모르겠다. 하지만 이제라도 그것을 알게 된 만큼 행운이라면 행운이다. 진우는 나의 아픔이지만 동시에 행운을 가져다준 존재인 셈이다. 내가 그랬듯이 나의 주변 사람들 또한 이제라도 좀 더 가벼워질 수 있기를 기원한다. 나와 함께했던 사람들, 나의 다른 아들들, 가르쳤던 학생들도 내가 오랫동안 그랬던 것처럼 그 얽매임의 고통이 함께했으리라 생각하니 미안하고 안타깝다.

앞으로 풀어 나갈 이야기는 대부분 발달장애를 지닌 진우와 함께한 이야기이다. 그러니 장애에 대한 이야기가 글의 한가운데에 자리할 수밖에 없다. 장애를 이해하는 데 도움이 될 것이다. 장애 아이를 키우는 부모님들께 도움이 될지도 모른다. 그렇지만 내가 장애에 대해 알게 된 것은 대부분 진우와 살아온 경험에서 나온 것들이다. 조금 더 나아간다면 진우의 친구들과 주변의 발달장애인을 보고 겪은 이야기들이다. 그런 만큼 장애에 대한 나의 이야기는 내 경험의 범위를 넘지 못하는 한계가 있을 터이다. 그만큼 장애를 완전히 이해하기에는 부족할 것이다. 다만 내 경험의 범위만큼이라도 함께할 수 있다면 다행이라 할 수 있다.

그러나 나는 이 책을 통해 장애를 이야기하려는 것은 아니다. 그것은 장애를 마주하면서 스스로 발견하고 깨달은 나와 우리의 삶에 대한 이야기이다. 장애는 오히려 거울처럼 나와 우리의 모습을 비춰 보여주었고 나는 거기에서 참으로 많은 깨달음을 얻었다. 이전에는 당연했던 것이 당연하지 않게 되고 당연하지 않았던 것이 당연해지는 나의 깨달음 말이다.

발달장애인과 함께하다 보면 그들의 삶이 상당히 미시적으로 느껴진다. 인지적 한계가 있는 만큼 그 삶의 규모와 범위가 작다. 그래서인지 그들을 바라보면 조그만 창을 통해 사람의 모습을 들여다보고 있는 느낌이 든다. 사람의 모습이 온전히 한눈에 들어오는 느낌이랄까. 그런 모습을 바라보면서 언제부터인가 나는 비장애인들의 삶도 별반 다르지 않다는 것을 깨닫게 되었다. 오히려 그 작은 창을 통해 우리의 모습을 조망할 수 있는 시야를 얻은 셈이다. 비장애인들의 모습도 그리 멀지 않은 곳에서 볼 수 있는 것이었다.

생각해 보면 비장애인들 또한 명확히 인지 능력의 한계를 가지고 있다고 할 수 있다. 우리가 많은 것을 알고 있다고 생각하지만, 사실 그것들은 매우 제한된 지식에 불과하다. 조금만 멀리 내다봐도 우리는 앞으로 어떤 일들이 벌어질지 아는 바가 별로 없다. 긴 시간과 넓은 공간을 놓고 보면 우리의 시야는 매우 한정되어 있다는 것을 알 수 있다. 내가 어떻게 생겨나서 어떻게 살아가게 되었는지 스스로에게 물어본다면 점점 막막해질 것이다. 주어진 하루하루를 감당하고 살아가는 것뿐일 수도 있다. 우리가 확실하게 알 수 있는 것은 별로 많지 않다. 만일 인간보다 더 큰 범위의 인지력을 가진 존재가 있다면 그들에게는 인간의 인지 범위가 아주 작게 보일 것이다. 발달장애인을 들여다보는 창은 결국 볼록거울처럼 우리의 모습을 비춘다.

한 가지 분명하게 깨달은 것은 내가 진우를 위해 가져야 한다고 느꼈던 태도가 결국은 모든 아이들을 위해 가져야 하는 태도라는 사실이다. 발달장애가 있다고 해서 혹은 비장애 아동이라고 해서 다르지 않다는 것을 알게 된 것이다. 장애를 가진 진우에게 맞추어 행동하려고 노력할수록 그것이 모든 아이들에게도 적용했어야 하는 것임을 깨달은 것이다. 진즉에 다른 모든 아이들을 그렇게 세심하게 대했어야 했다는 사실. 그것이 내가 가장 뼈아팠던 지점이다.

결국 장애의 문제란 모든 사람의 문제라는 사실, 아니 모든 사람의 문제가 결국 장애의 문제였다는 사실을 알게 된 것은 내가 진우와 함께 애쓰며 살아온 종착점이었다. 우리는 어떤 면에서는 어느 정도의 장애를 지니고 있다. 알고 보면 누구나 어떤 부분에서는 한계가 있으며 무능하다. 할 수 없는 것들이 있다. 표준값과 도달 목표를 정해 놓고 행동하는 순간, 우리는 늘 어떤 면에서 그것에 도달할 수 없는 것이다. 사람이 성장하는 과정에서 누구나 뼈아프게 부딪혀 오는 일이다. 문제가 생기고 어그러지고 고통에 빠지곤 했던 것들 말이다. 결코 혼자 힘으로는 해결할 수 없는 그런 일들이 있다. 그것은 서로가 인정하고 보듬어 주어야 하는 일이다. 장애를 보듬는다는 것은 바로 그런 일이었다는 것을 나는 뒤늦게 깨달았다.

진우와 함께해 온 삶은 그렇게 깨닫는 과정이 되었다. 내 스스로 한계를 인정하고 그 무거운 짐을 내려놓는 과정이 되었다. 발달장애인에게 향하던 나의 시선을 나 자신과 주변 사람에게 돌리면서 벌어진 일이었다. 이것이 나의 반성문이 향하고 있는 방향이다. 물론 이런 이야기를 내가 얼마나 충분히 풀어낼 수 있을지 여전히 자신은 없다. 한마디로 휘리릭 정리할 수 없는 이야기들이니 말이다. 글로 다 풀어낼 수 없는 이야기들 앞에서 막막해질 수도 있겠다. 주변적인 이야기만 하다 말거나 딴 길로 새어 버릴 수 있다는 우려도 든다. 그렇지만 감히 이야기해 보고자 한다.

진우에게 책의 출간을 허락받을 것이다. 그렇지만 진우는 이런 말들을 이해하지 못할 것이다. 그래서 얄궂은 일이지만, 어쩌면 그래서 나는 진우 이야기를 마음 놓고 주저리주저리 털어놓을 수 있는지도 모른다.

진우로부터   1

장애를   진우의 거울
마주하며
사람을
다시
바라보다

문득 찾아온
진우

불편하지만 달리 방법이 없다. 이 이야기부터 시작할 수밖에 없다는 생각이 든다. 진우가 알면 안 될 이야기지만, 진우로부터 시작하려니 피해 갈 도리가 없다. 진우와 함께한 내 삶의 출발점이기 때문이다.

내가 미술 교사로 일하고 있었지만 교사보다는 작가로 살고 싶은 열망이 가득했던 때였다. 교사를 그만두고 전업 작가의 길을 가려고 막 마음먹던 시기였다. 여러 가지 여건상 쉽지 않았지만 작가로서의 삶에 대한 열망을 도저히 떨칠 수 없었다. 그나마 큰아이가 초등학생이었고, 둘째는 막 초등학교 입학을 앞둔 때였다. 아이들에게 손이 덜 가기 시작하고 양육비도 많이 들지 않는 시기였다. 나는 이때쯤을 기다리고 기다렸었다. 아내에게 잠시 가정을 맡기고 집을 떠날 수 있는 때가 왔다고 생각했다. 유학을 다녀오겠다 어렵게 마음먹던 참이었다. 작가가 되기 위해서는 해외에 나가서 공부해야 한다고 여겨 왔었다. 한 2~3년 다녀오면 새로운 길이 열리지 않을까 싶었기 때문이다. 당

분간 아내가 가정을 책임지고 내가 몇 년만 노력한다면 아이들이 중고등학교에 갈 때쯤 내가 다시 가정을 책임질 수 있게 되지 않을까 생각해 오던 터였다. 나는 이런저런 준비를 막 하고 있었다. 그러던 와중에 예기치 않게 진우가 생겨난 것이었다. 그때 심정이란…… 이렇게 말하면 안 될 일이지만, 참으로 미안하고 미안한 일이지만, 나에겐 청천벽력 같은 소식이었다. 아이가 생겼다는 아내의 말에 다른 어떤 말도 떠오르지 않았다. 축하는커녕 참담한 마음만 들었다. 절대 일어나서는 안 될 일이 일어난 것만 같았다.

직장을 그만두고 전업 작가로 나서겠다는 각오는 나로선 아주 비장한 일이었다. 가족의 생계를 책임지고 있는 상황에서 결코 쉽지 않은 선택이었다. 그럼에도 그 열망을 떨칠 수 없어서 아내를 설득하고 설득하여 그 길로 나서고자 마음먹었던 터였다. 그런데 셋째가 생겼다니…… 받아들이고 싶지 않았다. 되돌릴 수만 있다면 되돌리고 싶었다. 아내는 눈물을 흘렸다.

진우는 그렇게 나에게 찾아왔다. 벼르고 벼르던 꿈을 향해 나아가려던 발걸음이 벽 앞에 가로막힌

심정을 추스르기 쉽지 않았다. 아내의 심정을 살필 겨를도 없었다. 어찌할 수 없는 일임에도 나는 꽤 오랜 시간 상실감으로 힘들어 했다. 그때 일은 진우에게 그리고 누구보다도 아내에게 한없이 미안하고 미안하다. 지금 생각해도 딱히 용서를 받을 길이 없다.

어쨌든 집을 떠날 수 없게 되었다는 것만은 분명했다. 위로 두 아이와 함께 갓난아이를 낳고 키우는 일을 결코 아내의 일로만 남겨 둘 수는 없었다. 게다가 경제활동을 안 할 수도 없는 상황이었다. 나는 모든 계획의 실행을 멈춰야만 했다.

미술 교사의 삶과
작가의 삶

　　미술 교사와 작가를 병행하면 되지 않냐고 되물을 수도 있다. 다른 직장에 비해 학교는 방학도 있고 시간적 여유가 있어 보일 테니 말이다. 나도 처음에는 그렇게 생각했다. 교사로 일하면서 퇴근 후, 주말, 혹은 방학을 이용하여 작품 활동을 할 수 있을 것이라 생각했다. 한동안은 정말로 그렇게 지내기도 했다. 가능한 한 시간을 쪼개 작업에 전념하곤 했다. 방학이면 집에 처박혀 작업에 몰두하기도 했다.

　　그러나 그것은 지속 가능하지 않다는 것을 점차 깨닫게 되었다. 내가 작업에 전념하면 할수록 교사로서의 책무가 뒷전으로 밀려나고 있다는 것을 스스로 발견하곤 했다. 작업에 대한 생각에 골몰하면 할수록 아이들의 교육과 수업에 대한 생각은 뒷전으로 밀렸다. 교육이라는 것은 그저 주어진 업무를 해치우듯이 할 수 있는 일이 아니었다. 교육은 그런 단순 일이 아니다. 늘 연구하고 생각하고 몰두해야 하는 일이다. 그런데 작업에 몰입하면 교육에 대해 생각하고 연구할 마음의 여유는 점점 사라지기 시작했다. 어느덧 아이들의 모습이 머릿속에서 사라지고 수업에 허겁지겁 쫓기는 나의 모습이 느껴졌다. 수업 준비를 못해 허둥대는 꿈마저 꾸곤 했다. 자괴감이 몰려왔다. 그런 모습은 나 스스로도 부끄럽기 짝이 없었다. 계속 그런 삶을 살 수는 없었다.

다시 마음을 고쳐먹고 아이들 가르치는 일에 좀 더 전념하면 반대로 작업이 뒷전으로 밀려났다. 휴일에도 마찬가지였다. 아이들 가르치는 일에 몰두하던 마음이 갑자기 작업을 할 수 있는 상태로 쉽게 전환되지 않았다. 마음이라는 것이 그랬다. 한 가지를 향해 마음을 쓰기 시작하면 다른 것이 자리 잡기 어려웠다. 작업을 한다 해도 몰입이 되질 않았다. 방학 때 어느 정도 여유가 생겨 만사 제쳐 놓고 작업을 하게 되더라도 뭔가 탐탁지 않았다. 작업이라는 것은 그렇게 한참 쉬었다가 몰아서 할 수 있는 일이 아니었다. 지속적으로 몰입하지 않으면 진행되지 않는 일이라는 것을 알게 되었다. 결국 이도 저도 아닌 상황이 반복되었다. 늘 마음만 바쁘고 힘들었다. 작업을 해야 한다는 강박감에 시달릴 뿐이었다. 가족과 함께 여유로운 시간 한 번 제대로 갖지 못하였다.

교사의 삶이든 작가의 삶이든 둘 중의 하나를 선택해야 한다는 결론을 내렸다. 그래서 유학을 생각했던 것이다. 유학을 다녀오면 내 작업도 더 깊어질 테고, 또한 학교를 떠나 있으면 작업에 전념할 수 있는 여건이 마련되지 않을까 생각했다. 어쩌면 매우 막연한 생각일지도 모르지만 그나마 그렇게 하는 것이 좀 더 희망적인 길이 아닐까 생각했던 것이다.

그때만 해도 아이들이 아직 어리니 교육비 등의 생활비가 덜 들어가는 시기였고 7~9살쯤 되니 손도 덜 가던 때였다. 내가 몇 년이라도 집을 떠나 있을 수 있는 적기라고 생각했다. 아내가 그동안만 견디어 주면 될 거라는 생각이었다. 그런데 진우가 끼어들었다. 상황이 아주 바뀌어 버린 것이다.

저버릴 수 없는,
아빠로서의 삶

결국 나는 모든 계획을 접어야만 했다. 그것은 앞으로 영영 벗어날 수 없는 또 다른 출발점에 서는 일임이 분명했다. 진우가 태어나면 나는 위로 두 아이를 키울 때 그랬던 것처럼 몇 년은 갓난아이를 키우는 데 집중해야만 할 것이고, 그러다 보면 위로 두 아이는 무럭무럭 커서 중학생쯤 될 터였다. 내가 집을 떠날 수 있는 기회라고 여긴 시간은 그렇게 흘러가 버릴 것이었다. 아이 셋을 둔 아빠로서의 삶이 내 앞에 가로놓여 있었다.

미술 교사로서 열심히 사는 것 외에 내가 선택할 수 있는 길은 없었다. 게다가 진우가 대학까지 진학하고 마치는 시기를 계산해 보니 내가 정년까지 교직을 지켜야 할 상황이었다. 차라리 작가로서의 꿈을 깨끗이 접는 것이 맞다는 생각이 들었다. 가슴이 미어졌다. 그럼에도 어쩔 수 없었다. 이제는 가족을 지킬 것인가 아니면 나의 꿈을 쫓을 것인가 둘 중 하나를 선택해야 했다. 여기에서 나는 가족을 저버릴 수 없었다. 결코 그런 나쁜 아빠가 될 수는 없었다.

늘 겪는 일이기는 해도 인생이라는 것이 뜻대로 되지 않는다는 것을 뼈저리게 깨닫는 순간이었다. 더구나 작가를 포기하는 일은 그 무엇보다도 받아들이기 힘든 일이었다. 아무리 어려워도 아무리 힘들어도 꼭 이루고 싶은 꿈이었기 때문이다. 이전에 겪었던 일들과는 다른 종류, 다른 성질의 것이었다. 그것은 나 스스로를 지키는 일과 같은 것이라 할 수 있다. 다른 것을 다 잃어도 지키고 싶은 나 자신 말이다. 그러나 가족을 저버리면서까지 그것을 선택할 수는 없었다. 어린 나의 아이들을 생각하면 가슴이 미어지는 느낌이 들었다. 그것은 단지 책임의 문제는 아니었다. 나의 아이들이 겪게 될 아픔은 결코 감당할 수 없을 것 같았다. 그것이 나의 무책임 때문이라면 더욱더 견딜 수 없는 일이었다.

한편으로는 나 스스로를 새삼 깨닫게 되었다. 내가 잠시 가족의 어려움을 뒤로 하고 집을 떠나려 마음먹는다 해도 나의 욕심을 위해 사랑하는 가족을 외면할, 그런 모진 사람이 될 수 없다는 것을 깨달았다.

진우로 인해 그리되긴 했지만, 어쩌면 결국 할 수 없는 일을 하려고 한 것이 아니었을까 하는 생각도 들었다. 내가 유학을 떠났다고 하더라도 가족의 어려움을 더 이상 견디지 못하고 금세 되돌아왔을지 모를 일이다. 그런 생각에 이르자 오히려 일을 저지르지 않은 것이 다행스럽다는 생각까지 들었다.

     어쩌면 나도 나 자신을 잘 모른 채로 살고 있는지 모른다. 평소에 품고 있던 나의 꿈, 나의 열망, 욕심 이런 것들보다 더 크고 강력한 마음이 나도 모르게 나의 내부에 자리 잡고 있다면 말이다. 오랜 세월 알지 못했으나 어느 계기로 불쑥 튀어나오는 그런 마음들이 있다면 그때마다 나는 나를 끊임없이 다시 발견하게 되는 것인지도 모른다. 그럼에도 흘려보내야 하는 꿈이 아프게 다가오는 것은 어찌할 수 없었다.

의미 있는 기록의
시작

큰 욕망을 하나 내려놓자 비로소 나를 돌아보는 여유가 생겼다. 마음이 헛헛하기는 했지만 그 또한 여유라면 여유였다. 나의 삶을 저만치 밀쳐 두고 바라보는 시선을 갖게 된 셈이었다. 무엇보다도 내가 그토록 하고 싶어 하는 예술이 무엇일까를 다시 생각해 보게 되었다. 만일 내가 진우를 버리고 작가의 길을 선택했다면 어땠을까 반문해 보니 끔찍한 선택이었을 거라는 생각이 들었다. 그것은 더 이상 예술을 하는 삶이 아닐 것이다. 예술에 대해 좀 더 진지하게 생각해 보게 되었다. 어쩌면 내가 작가로서의 꿈을 포기하고 진우를 품는 것부터가 오히려 예술적인 삶이 아닐까 하는 새로운 생각이 떠오르는 것이었다. 어쨌든 나의 삶에서 진우의 존재를 더욱 적극적으로 인정하고 품어야겠다고 생각했다. 작가의 길을 포기하고 얻은 아이인데 내 삶에서 그 이상의 값진 존재가 되어야 하는 것은 아닐까 하고 말이다.

나는 그때부터 진우와 함께하는 과정들을 의

미 있게 기록해 두어야겠다고 생각했다. 그 첫 번째 행동이 만삭의 아내와 함께 사진을 찍는 일이었다. 아내와 나의 사랑의 기록으로서 그 모습을 남겨야겠다고 생각하니 실오라기 하나 걸치지 않은 누드여야 한다는 생각이 들었고 아내를 설득하여 함께 카메라 앞에 섰다. 조그만 살림방에 카메라를 세우고 타임 셔터를 작동하여 촬영을 했다. 정말 기분 좋고 사랑스러운 사진이 되었다. 아내가 산부인과 검진을 갈 때 녹음기를 들고 따라가 진우의 심음을 녹음하기도 하였다. 진우가 태어날 때의 울음소리도 간호사 선생님의 도움을 받아 녹음했다. 휴대폰이 없던 시대였다.

가장 인상 깊었던 일은 진우의 똥을 가지고 작품을 만든 것이었다. 나는 진우를 품으면서 작가의 길을 포기하기로 마음먹었지만, 그렇다고 작업을 중단한 것은 아니었다. 그것은 나의 원초적인 욕망이었기에 그렇게 단칼에 포기되는 것이 아니었다. 가끔은 작업을 했다. 물론 진우를 돌보는 시간에도 그랬다. 진우가 기어다니던 시절, 그런 진우를 옆에 두고 그림을 그리고 있었다. 그런데 진우가 작업실 바닥에 똥을 싼 것이다. 똥을 치우다 보니 손에 묻었고 무심코 그것을 캔

버스에 문대어 보았다. 색이 무척 예쁘다는 생각을 했다. (젖먹이의 똥이 그렇지 않은가) 나는 진우의 똥을 붓에 묻혀 캔버스에 골고루 바르고 말려 작품으로 제작하였다. 진우의 똥을 소중히 소장해야겠다고 생각했다. 훗날 작업실에 불이 나 모두 타 버린 것은 참으로 아쉬운 일이다.

　　　진우는 그렇게 나의 예술적 삶에 중요한 역할을 하기 시작했다. 전시에 출품했던 진우의 똥 작품은 상당히 주목을 받았다. 그렇지만 나를 전국적으로 유명한 사람으로 만든 것은 만삭의 아내와 함께 촬영했던 우리 부부의 누드 사진이었다. 그 사진을 나의 홈페이지에 개재했다가 학부모들이 문제를 삼으면서 사회적 논쟁의 한가운데에 서게 되었다. 예술 작품인가, 음란물인가 하는 논쟁이 한동안 우리나라를 휩쓸었다. 결국 음란물 유포죄로 유죄판결을 받았지만 가까스로 교직은 유지할 수 있었다. 많은 사람들이 여전히 기억하고 있을 그 사진의 중심에는 사실 진우가 있었다.

혹시 수재가 아닐까

진우는 돌이 지나도 걷지 못했다. 다른 아이들 같으면 걸음마를 떼는 시기였다. 점점 불안해졌다. 혹시 장애가 있는 것은 아닐까 하는 생각이 들어, 결국 대학병원 소아과 문을 두드렸다. 여러 가지 복잡한 검사를 했던 기억이 난다. 의사 말로는 '핵의학적 검사'라는 것을 한다고 했다. 이 검사를 통해 임신 중에 진우가 바이러스에 감염되었던 적이 있다는 것을 확인했다. 그것은 뇌병변 장애나 지적장애를 일으킬 수 있다고 했다. 더럭 겁이 났다. 임신 7개월쯤에 아내의 배가 처지는 현상이 있던 기억이 떠올랐다. 태아가 어쩐지 힘이 빠지면서 내려앉는 듯한 상태가 되었던 것이다. 당시 산부인과에서는 태아에 별다른 이상이 없다고 해서 지나쳤었다. 소아과의사는 아직 진우에게 장애가 있다고 단정 지을 근거는 없다고 했고 좀 더 지켜보는 수밖에 없다고 했다. 그나마 다행이라는 생각이 들었다. 아니 설마 하는 생각이 앞섰다.

두 돌이 되자 진우는 드디어 혼자 일어서서

발걸음을 떼었다. 우리 부부는 가슴을 쓸어내렸다. 다행히 진우가 장애는 아닌 것 같았다. 뒤뚱거려 자주 넘어지고 불안정하기는 했다. 늘 진우 뒤를 쫓아다녀야 했고 자주 넘어져 다치는 바람에 병원을 가는 일이 많았다. 한 번은 욕실에서 목욕을 하다가 혀를 물고 넘어지는 바람에 혀가 거의 잘려 대학병원 응급실로 달려가 봉합하는 수술을 받아야 했다.

  그럼에도 진우는 무럭무럭 컸다. 특히나 진우의 언어능력과 기억력이 아주 좋다는 점이 몹시 흥미로웠다. 진우를 재울 때 우리 부부는 책을 읽어 주었고, 그러면 진우는 책 읽는 소리를 들으면서 잠이 들곤 했다. 그런데 어느 날 책을 펴자 진우가 그 페이지의 내용을 줄줄 읽는 것이었다. 아직 세 돌도 되지 않은 시기였는데 말이다. 깜짝 놀랄 일이었다. 그런 일을 여러 번 반복하면서 확인한 것은 진우가 글자를 아는 것이 아니라, 엄마 아빠가 읽어 주던 것을 외워서 따라 한다는 것이었다. 책 페이지의 그림과 읽어 주던 것을 매치하여 외우는 셈이었다. 우리는 진우가 혹시 수재가 아닐까 생각하며 한동안 들뜬 마음을 품었다. 부모라면 한 번쯤 그런 상상을 하지 않는가.

우리가 책장을 넘기면 진우는 그 내용을 줄줄 읽는 활동에 열을 올리곤 했다. 그것은 매우 즐거운 일이었다. 잠잘 때 책을 읽어 주는 것이 아이를 재우는 데 큰 도움이 되었기 때문이다. 진우 형들을 키울 때도 으레 그래 왔던 일이다. 그런데 진우의 그런 행동은 잠을 재우기 위한 일이 아니라 오히려 책 읽기 놀이처럼 되었다. 진우를 키우면서 가장 행복했던 시간이 아니었나 싶다.

그것 말고도 진우의 영특한 행동이 있었는데 세수할 때 '흥' 하면 코를 푸는 일이었다. 세 돌이 되기 전에 그런 행동을 해냈다. 형들이 그러던 것보다 수개월은 빠른 행동이었다. 조심스럽기는 했지만 우리 부부는 진우가 다른 아이들에 비해 상당히 영특한 아이라고 여기게 되었다.

희망을 향해
움직이는 마음

그렇지만 진우가 세 돌을 넘기고 우리 부부는 다시 진우를 데리고 병원을 찾아야 했다. 뒤뚱거리며 넘어지는 상황이 끊임없이 반복되었기 때문이다. 진우가 장애는 아닐 거라는 생각은 어쩌면 그저 소망일 뿐이었을지 모른다. 결국 진우의 몸에 뭔가 이상이 있다고 생각할 수밖에 없었다. 이전에 찾았던 대학병원 소아과에서는 소아정형외과로 옮기기를 권유했다. 이듬해 다시 옮긴 재활의학과에서 진우에게 뇌병변 장애가 있는 것으로 판정되었다.

우려했던 일이 현실이 되고 말았다. 말문이 막힌다는 표현이 적절할까. 간절했던 마음이 무참하게 짓밟혀 버린 느낌이었다. 맨 처음 병원에서 진우에게 장애가 있을 수 있다는 이야기를 들었을 때조차 그것이 현실이 될 거라고 생각하거나 받아들이지 않았다. 그런 일은 절대 일어나지 않을 것 같았다. '어찌 그런 일이 있겠어 나에게?' 그렇게 생각했다. 그냥 기우라고 여겼다. 주변에 장애가 있는 아이들을 보기는 했지만 그것이 나의 현실이 될 거라곤 손톱만큼도 상상하지 않았다. 그러나 나의 의지나 바람과는 아무런 상관없이 정말 그런 일이 생기고 말았다. 받아들일 수 없지만 현실이었다.

   교정기를 통해 자세를 교정해야 한다고 했다. 발가락 교정기를 제작하여 끼우도록 했고 깔창을 제작하여 신발에 끼워 신도록 했다. 너무도 슬프고 안타까운 일이기는 했지만 교정기를 사용하면 교정이 될 수 있다니 그것을 믿고 마음을 다잡는 수밖에 없었다. 그러면서 이만하니 얼마나 다행인가 하는 마음으로 스스로를 다잡았다. '그나마 이만큼'이라는 말이 그나마 위안이 되는 듯했다. 나는 열심히 노력하여 진우를 건강하게 만들어야겠다고 마음을 다잡았다. 그때부터 나의 삶은 정말 진우를 중심으로 돌아가기 시작하였다.

   무엇보다도 진우를 많이 걷도록 해야 한다고 생각했다. 끊임없이 넘어져도 자꾸 걸으면 다리근육이 발달하면서 자세가 잡히고 좀 더 안정적으로 걷게 되리라고 생각했다. 진우를 데리고 운동장으로 가서 함께 걷거나 계단 오르기와 같은 운동을 시켰다. 많이 걸으면 걸을수록 조금씩 기능이 좋아지는 것은 분명했다. 손을 잡고서야 계단을 오르던 상태에서 벗어나 진우는 한 발자국씩 떼며 계단을 오르게 되었다. 그 후로는 뒷산의 언덕길을 오르기 시작했다. 틈만 나면 나는 진우를 데리고 언덕길을 올랐다. 돌부리에 걸려 자꾸 넘어져 무릎이 성할 날이 없었지만, 좀 더 복잡한 길인 만큼 진우의 운동감각을 더 길러 주겠지 싶었다. 진우가 기차를 무척 좋아하는 것은 참으로 다행스러운 일이었다. 뒷산 꼭대기에 오르면 기차가 가는 것을 볼 수 있었으니까. 진우는 기차를 볼 생각에 넘어지고 다치는 것도 아랑곳하지 않고 산을 올랐다. 그리고 저 멀리 달리고 있는 기차를 보면 손을 들고 힘껏 환호성을 질렀다. 그 순간엔 나도 함께 환호성을 질렀다.

사람의 마음은 결국 희망을 향해 움직이는 것 같았다. 나는 여전히 희망을 놓지 않았고 진우가 더 좋아지리라 믿으려 했다. 아니 좋아지지 않는다는 것은 상상도 할 수 없는 일이었기에 반드시 좋아져야만 하는 일이라고 여기게 되었다.

또다시 병원으로

이제부터는 정말 슬프다. 이 이야기를 하려니 눈물부터 맺힌다. 그래도 뇌병변 장애 정도는 내가 감당할 수 있는 것이었던 모양이다. 진우에게서 뇌병변 장애 이상의 문제가 드러나기 시작했다. 한 순간도 가만히 있지 못하고 소리를 지르고 뛰어다녔다. 초기에는 어려서 그렇다고 생각했시만 점차 그게 아니라는 생각이 들기 시작했다. 가만히 걷지 못하고 늘 펄쩍펄쩍 뛰었다. 뒤뚱거리면서 말이다. 다른 아이들과 함께 놀지도 못하였다. 눈을 맞추는 시간은 극히 짧아 계속 두리번거리고 무언가 알 수 없는 힘에 휘둘리고 있는 것처럼 보였다. 늘 쾌활하고 즐거워 보였지만 그 흥분 상태는 결코 자연스럽지 않았다. 진우는 분명 보통 아이들하고 달라 보였다. 무엇보다도 얼굴 표정이 달랐다. 늘 입을 헤 벌리고 넋이 나간 듯한 표정을 하고 있었다. 괜찮아질 거라고 되뇌며 좀 더 지켜보자고 했지만 점점 불안감이 엄습해 왔다. 무언가 크게 어긋나고 있다고 느껴졌다.

결국 우리는 검진을 받아 보기로 했다. 진우에게 혹여 지적장애가 있는지 알아보아야겠다고 마음먹었다. 충남대병원에서 그럴 가능성이 있다고 진단받았던 것을 돌이켜 봐야 했다. 진단을 받으려면 소아정신과를 가야 한다고 해서 병원을 찾아보니 서울대에 소아정신과가 있었다. 아마도 진우가 네 살쯤 되던 해였던 것 같다. 진단을 받는 데 생각보다 아주 많은 시간이 걸렸다. 2년 가까이 걸렸던 것 같다. 진료 일정을 잡는 것은 보통 일이 아니었다. 교수가 출장이 있을 때는 몇 달씩 진료가 없었다. 또한 뇌파검사, 뇌 촬영 등의 검사를 순차적으로 했다. 뇌 촬영을 할 때는 수면제를 사용해서 재웠는데 잠이 잘 들지 않고 결국 뒤늦게 잠이 들어 집으로 돌아오는 데 무척 힘들었던 기억이 난다. 그래도 병원을 갈 때면 진우는 늘 들떠 있었다. 기차 여행을 하는 것도, 서울에 가서 지하철을 타는 것도, 엘리베이터를 타는 것도 진우에게는 한없이 흥분되는 즐거운 일이었다. 기차를 타면 진우가 소리소리 지르는 탓에 우리는 무척 애를 먹어야 했다. 엘리베이터를 만나면 반드시 타야만 하고 스스로 버튼을 눌러야 했다. 지하철역에서는 한없이 지하철 구경을 하느라 그곳을 떠나지 않으려 했다.

한번은 거의 8개월 만에 병원을 찾았는데, 병원 문 앞에 서자 진우가 쏜살같이 달리기 시작했다. 진우의 갑작스런 행동에 놀라 우리는 얼른 진우 뒤를 쫓았다. 진우는 통로를 돌아 어느 진료실로 들어가고 있었다. 그러고는 거기에서 무엇인가를 보고 좋아서 소리를 지르며 펄쩍펄쩍 뛰는 것이었다. 그것은 아이들 진료실 안에 놓여 있던 둘리 인형이었다. 그러니까 진우는 지난번 방문 때 우연히 그것을 보았고, 그 진료실을 다시 찾고, 인형까지 찾아낸 것이다. 진우는 복잡한 병원에서 그 진료실과 둘리의 위치를 정확하게 기억하고 아무런 망설임도 없이 단번에 찾아갔다. 놀라운 기억력이었다. 이런 진우가 지적장애일 리 없다고 우리는 다시 희망을 갖기도 했다. 어떻게 그런 기억을 할 수 있는지 이해가 잘 되지 않았다. 그것은 비상한 일이었다. 특별한 재능이 아닐까 하는 생각도 들고, 오히려 그것이 어떤 장애의 흔적이 아닐까 하는 불안한 마음이 엄습하기도 했다. 그럼에도 우리는 끝까지 진우가 지적장애일 리 없다고 생각했다. 지적장애가 아니기를 정말 간절히 바랐다.

세상이 갈라져 버린
그날 이후

'지적장애' 그 말만큼은 정말 듣고 싶지 않았다. 그러나 간절했던 나의 소망과 기대는 물거품처럼 사라지고 말았다. 물거품이라는 말보다 더 적당한 말은 없는 것 같다. 다른 말로는 그때 심정을 설명하기 힘들다. 지적장애가 있는 아이들을 가끔 보았지만 그게 나의 일이 될 거라는 생각은 꿈에도 해 본 적이 없었기 때문이다. 그저 그런 아이들도 있구나 하는 정도였지 내 아이가 그럴 수 있다는 것은 한 번도 떠올려 본 적이 없었다. 결코 나의 일이 아니었던 그것이 나의 일이 되어 버린 것이다. 눈앞이 새하얘졌다. 너무도 끔찍한 느낌이 들었다. 비통했다.

마지막 진단은 설문으로 진행되었다. 그 어린 진우에게 이것저것 물으며 설문지에 체크하는 방식으로 진단이 이루어졌다. 그 전에 했던 뇌파검사나 뇌촬영에서는 아무런 특이점이 발견되지 않았다고 했다. 그러면 장애가 아니라는 뜻이냐고 의사에게 물으니 그렇지는 않다고 했다. 다만 외과적으로 문제를 찾지 못했다는 뜻이라고 했다. 그리고 질문지 작성으로 들어갔다. 나는 그것으로 정확한 진단이 나올까 의구심이 생겼다. 이제 다섯 돌이 된 아이일 뿐인데 아이의 말에서 어떤 정확한 정보를 찾아낼 수 있단 말인가 생각했다. 그런데 진단 결과가 나왔다. 언어 지능은 겨우 측정이 되고 수학 지능은 아예 측정이 안 된다고 했다. 측정이 안 된다는 말에 진단이 실패한 것 아니냐 반문했지만 아니라는 답을 들었다. 그 결과는 그 정도로 지능이 낮은 것이라는 답이 돌아왔다. 그냥 지적장애가 있음이 확인된 것이라고 했다. 거기에다 과잉행동장애가 있다고 했다. 혹여 다른 가능성은 없냐고 물으니 의사는 없다고 잘라 말했다. 그러면서 장애 진단서가 필요하면 발급해 주겠다고 했다. 아무 생각이 안 났다. 진단서는 받아서 무엇하냐는 생각만 들었다. 그래도 나는 지푸라기라도 잡는 심정으로 이를 고칠 수 있는 또 다른 진료나 조치가 있는지 물었다. 의사는 없다고 했다. 다만 과잉행동장애를 개선하기 위해 약을 복용해야 한다고 했다. 그리고 특수교육을 받을 수 있는 유치원에 보낼 것을 권했다. 나는 그것으로 장애를 해결할 수 있는지 재차 물었다. 의사는 재차 그렇지는 않다고 대답했다. 다만 일상생활과 인지 활동에서 교육적으로 좀 더 도움을 받을 수 있을 거라고 했다.

　　　　의사의 표현은 그러니까, 그 검사 결과는 의학적으로 명백하다는 말이었다. 이미 결정 난 일이라는 뜻이었다. 태어날 때부터 말이다. 그리고 그것에서 영영 벗어날 길은 없다는 말이었다. 이해할 수 있는 나의 모든 정신 영역이 멈춰 버리는 느낌이었다. 어찌할 수 없다는 것을 어떻게 받아들일 수 있을까. 아무리 생각해도 납득이 되질 않았다. 죽을 때까지 저렇게 살아야 한다고 생각하니 진우가 한없이 불쌍해지기 시작했다. 아내도 한없이 불쌍하고 나도 한없이 불쌍했다. 우리 셋이 일시에 세상에서 버려진 느낌이 들었다. 이 세상에 우리의 자리는 없는 것처럼 느껴졌다. 모든 게 아득해지고 송두리째 무너지는 느낌이었다. 나의 세상이 그날 이전과 이후로 쩍 하고 갈라져 버렸다는 것밖에는 아무 생각도 들지 않았다.

비현실 같은
현실을 인정하다

병원에서 돌아오는 길에서도 진우는 여전히 지하철에 환호하고 엘리베이터에 환호했다. 늘 그렇듯 좋아서 소리 지르고 펄쩍펄쩍 뛰어다녔다. 주변 사람들의 시선은 아랑곳하지 않았다. 엄마 아빠와 의사가 자신에 대해서 어떠한 대화를 나눴는지 진우에게는 아무런 의미가 없어 보였다. 진우의 일상에는 아무런 변화가 없었다. 여전히 즐겁고 신나 있었다. 내려오는 내내 기차 안에서도 그랬다. 지적장애라는 판정이 진우에게는 아무런 의미가 없었다.

그러니까 말이다. 진단 이후의 진우와 진단 이전의 진우는 전혀 다를 바가 없었고 진단이 진우에게 미치는 영향 또한 아무것도 없었다. 어찌 보면 앞으로 살아갈 일도 그럴지 모른다는 생각이 들었다. 그냥 모든 것을 무시하고 살던 대로 살면 어떨까 하는 생각이 들기도 했다. 그냥 그대로, 진우는 진우대로 살면 되는 것 아닌가. 그렇게 죽 살아가면 아무 일도 아니라는 생각이 들었다. 장애든 뭐든 알게 뭐냐 한다면 오히려 그게 자연스러운 것 같았다. 함께 살던 진우의 할아버지도 의사의 진단을 전혀 괘념하지 않는 듯 행동했다. 나의 그런 생각에 함께하는 것처럼 말이다. 그것은 의사의 지식으로 만들어 낸 어떤 인위적인 틀처럼 느껴지기도 했다. 그러나 그런 생각이 실은 내 안에서 장애를 부인하고 싶은 마음 때문에 올라오는 것이라 생각하니 몸서리가 쳐졌다. 무엇이 진짜인지 혼란스럽기만 했다. 어느 날 잠이 든 진우의 얼굴을 물끄러미 바라보는데 문득 장애가 없는 것처럼 보였다. 잠이 들어 얼굴 근육이 이완되니 한없이 평온해져서 여느 아이들과 다르지 않은 모습이었다. 장애를 지닌 아이의 모습이 전혀 아니었다. 그 순간 아침이 되면 진우가 여느 아이와 다를 바 없이 방긋 웃으며 '아빠' 하고 부르면서 일어날 것만 같았다. 순간 또다시 몸서리가 쳐졌다. 그런 모습이 망상처럼 다가왔기 때문이다. 실제로 그런 기대를 하며 아침을 맞이하기도 했던 것 같다. 그러나 그런 일은 결코 일어나지 않았다. 그럴 때마다 몸과 마음이 바짝 말라비틀어지는 기분이 들었다. 한없이 황폐해지는 느낌이었다.

      이창동 감독의 영화「오아시스」를 보았다. 배

우 설경구가 문소리를 업고 데이트하는 장면이 나온다. 그때 장면은 순간순간 문소리가 장애가 없이 설경구와 손을 맞잡고 여느 연인처럼 걷는 모습으로 전환된다. 나도 모르게 '아' 하는 탄식이 흘러나왔다. 그게 나의 간절한 마음이었으니까. 간절한 마음은 망상이 될 수 있을까. 영화는 그것을 망상처럼 현실로 보여 주고 있었다. 내가 그 이미지에 사로잡힌다면 정말 망상에 사로잡힐지도 모른다는 공포감이 엄습했다.

    무엇이 현실이고 비현실인지 분간이 안 될지 모른다는 느낌이 들었다. 내가 무엇을 받아들이고 어떤 태도를 가져야 하는지 분명하게 결정하지 않으면 안 되겠다는 생각이 들었다. 의사의 말은 분명한 현실이며 내가 그런 현실을 받아들여야 하는 상황임을 인정해야 한다는 생각이 들었다. 그것이 그 이전의 삶과 경험을 포기하고 그로부터 단절되는 그런 선택일지라도 말이다.

죄의식은
아무 도움이 되지 않는다

 문득문득 죄의식이 찾아왔다. 내가 진우의 잉태를 정말 기쁜 마음으로 맞이했다면, 그리하여 아내의 임신 기간에 좀 더 세심하게 보살폈더라면, 아내가 그런 몹쓸 바이러스에 감염되는 일이 없지 않았을까 하는 생각이 들었다. 가슴이 빠개지듯이 아팠다.

 정말이지 나는 한동안 임신한 아내를 제대로 바라보지 못했었다. 내 감정에 치우쳐 그로부터 헤어나는 데 꽤 오랜 시간을 보냈다. 그러니 하루하루가 즐거울 리 없었다. 그런 나를 마주하는 아내의 마음이 얼마나 무거웠을지 헤아릴 수도 없다. 임신과 관련하여 병원 진료를 받고 건강을 관리하는 일 등에 나는 별다른 관심을 주지 않았다. 그저 아내의 일상처럼 내맡기고 지냈던 것 같다. 어쩌면 위로 두 아이를 이미 출산한 경험이 있다 보니 더 그랬을 수 있다. 모든 일이 반복할수록 익숙해지니 말이다. 첫째 때보다 둘째 때엔 그만큼 덜 긴장했고, 셋째 때라 더 그랬던 것이기도 했다. 그렇지만 마흔을 넘기고 가진 아이이니 각별히 더 신경을 썼어야 했다. 나이가 많으면 더 힘들어질 수 있다는 일반적인 정보에도 관심을 가지지 않을 만큼 나는 무심했다.

내가 나쁜 사람이었다는 생각을 하니 그만큼 더 힘들어졌다. 아내도 알게 모르게 죄의식에 시달리는 것 같았다. 가끔 한 번씩 그런 이야기를 했다. 그때마다 나는 아내를 다독였지만, 그럼에도 나 또한 죄의식으로부터 벗어나기란 쉽지 않았다. 그러나 그런 죄의식은 아무런 도움이 되지 않았다. 우리에게는 당장 진우와 함께 살아가야 하는 삶이 있을 뿐이었다. 과거를 뒤로 하고 앞으로 어찌할지 생각해야 하는 시간이었다. 한편으로는 스스로를 위로하고 피해 갈 변명거리를 찾았다. 그 당시엔 뭐 이런 일이 일어날지 상상이나 했단 말인가. 하루하루의 삶을 그런대로 감당하고 살아오지 않았나 하고 말이다. 나 또한 힘들었을 뿐이다. 그래서 어쩌란 말인가 하는 생각이 치밀었다. 그런 나는 어디 가서 위로를 받아야 하는가 하는 생각도 들었다. 위로를 받을 길은 어디에도 없었다. 그저 감당해 내야만 하는 일일 뿐이었다.

그럼에도 진우는 우리가 무엇 때문에 괴로워하는지 아무런 관심도 개념도 없었다. 늘 그렇듯이 하루하루가 즐거운 나날의 연속일 뿐이었다. 진우는 아침에 일어나는 순간부터 저녁에 잠들기 전까지 뛰었다. 소리소리 지르며 한순간도 가만히 있지 않았다. 그런 진우를 바라보고 있노라면 내가 도대체 무엇을 어려워하고 있는지 모르겠다는 생각도 들었다. 혼란스럽기만 했다.

꽤 오래 그런 시간을 보냈던 것 같다. 별다른 대책 없이 그렇게 하루하루를 보냈던 것 같다. 어쩌면 그게 그나마 나 자신을 스스로 지키는 방법이었는지도 모른다. 그 막막한 상황을 그저 별다른 방도 없이 마주하는 시간들이 그나마 나에게 꼭 필요한 것이었는지도 모른다.

진우와
엄마학교로

나와는 달리 아내는 발 빠르게 움직였다. 진우의 장애를 개선할 여지가 있는 일이라면 무엇이든 할 태세였다. 진우의 뇌병변 장애를 개선하고자 근육을 이완시키고 운동기능을 향상시키기 위해 아내는 진즉에 스트레칭 강사를 집으로 불러 진우의 운동을 지원하고 있었다. 아내는 신우의 지적 발달을 돕기 위한 방법들을 강구해 나갔다. 당시 한창 유행하던 은물 교육을 바로 시작했다. 방문 강사가 집에 와 1대 1로 배움을 돕는 방식이었다. 은물 교구를 구입하는 것만 해도 상당한 비용이 들어가는 일이었다. 경제적으로 부담되는 선택이었지만 진우의 발달에 도움이 될 거라 여기는 일은 무엇이든 할 태세였다. 나는 그런 아내가 하는 대로 지원하는 역할을 했다.

당시 아내는 조그만 어린이집을 운영하며 원장으로 있었는데 과감히 휴직을 했다. 가만히 있지 못하고 늘 뛰어다니는 진우에게 1분 1초도 눈을 뗄 수가 없는 상황이었기 때문이다. 자칫하면 넘어지고 부딪히고 다치기 십상이라 진우에게 자꾸 손이 가는 상황에서 누군가는 진우에게 집중해야 했다. 진우가 지적장애와 과잉행동장애가 있는 것으로 판명된 마당에 망설일 필요 없다고 여긴 것 같았다. 어린이집을 다른 사람에게 맡기고 아내는 진우에게만 집중하기로 했다.

아내는 적극적으로 진우와 함께 생활할 계획을 세웠다. 어린이집이 우리 살림집과 붙어 있었기에 진우하고만 지낼 다른 장소가 필요했다. 마침 좀 떨어진 시골에 빈집을 하나 가지고 있었는데 이곳을 '엄마학교'라고 이름을 지은 후 아내는 거기에서 진우와 함께 시간을 보내기로 했다.

> 겨우내 진우 아빠가 보수하여 좀 지낼 만하게 바꾸었다. 비어 있던 시골집인 데다가 흙으로 지어진 전통가옥이라 사용하려면 많이 보수를 해야 했다. 특히 천장 나무가 다 드러나도록 뜯어내고 흙이 무너진 곳을 보수하고 거기에 창호지와 닥지로 도배하여 집 안이 훤하고 아늑한 분위기가 되었다.
> 그곳에서 진우가 쉬기도 하고, 엄마랑 그림도

그리고, 글씨도 쓰고 책도 읽으며 지내고자 한다. 바깥마당은 잔디밭이지만 조금만 게을러지면 풀밭이 되기도 한다. 진우랑 엄마랑 지내야 할 좋은 삶터가 되기를 바라면서 진우학교, 엄마학교를 개설했다. 엄마와 함께 지내는 곳을 진우 말로는 엄마학교이고, 엄마인 나는 진우학교라고 말한다.

- 진우 엄마 일기에서

당시에 아내가 쓴 일기의 한 대목이다. 아내는 진우를 데리고 그곳으로 출퇴근을 했다. 거기에서 책을 읽으며 한글을 익히고 시골집의 자연환경과 함께 지내려고 했다. 진우의 감각을 풍부히 자극할 수 있기를 기대하면서 말이다. 진우 또한 엄마와 단둘이 있는 것을 좋아했다. 엄마가 자기에게만 집중하니 좋을 수밖에. 그때는 진우가 여섯 살이 되던 때였다.

명화학교에서의
첫 사회생활

진우는 인근 군산의 명화학교라는 특수학교 유치원에 다니기 시작했다. 유치원까지는 집에서 승용차로 30~40분 정도가 걸렸는데 아내가 아침에 차로 데려다주고 오후에 다시 데려와야 했다. 집에서 가까운 병설유치원에 보내고 싶었지만 지역에는 특수교사가 배치되어 있는 유치원이 없었다. 특수교육을 받아야 한다는 의사의 권유에 따라 특수교사가 있는 학교를 찾아야 했다. 진우가 본격적으로 사회생활을 시작한 셈이었다. 처음에는 무척 힘들었을 텐데 다행히 진우가 적응하기 시작했다. 어린이집 일로 사정이 생겨 진우가 일주일간 명화학교에 가지 못했을 때였다.

> 명화학교 가자고 엄마를 졸라대는 진우를 보면서 그렇게 울고불고 떨어지지 않으려 하던 것이 엊그제 같은데 이젠 가자고 하니 나름대로 첫 번 사회생활은 성공한 것이 아닌가 하며 안심을 한다. 늘 엄마가 어디에 있나 확인을 하면서 놀던 진우였는데 이제 엄마와 떨어져 사

회생활을 시작한 우리 진우에게 마음 아프게 고마움을 전하고 싶다. 진우야! 다음 주에는 명화학교 친구들에게 데려다줄게. 이번 주에는 어린이집에서 놀자. 소리 지르지 말고. 진우! 파이팅!

- 진우 엄마 일기에서

정말 이런 일은 우리에게 참으로 대단한 일이었다. 다른 아이들과 같지 않은 진우이기에 다른 아이들이 쉽게 해낼 수 있는 일도 진우가 과연 해낼 수 있을지 하나하나 작은 것도 조심스러웠다. 진우는 그렇게 명화학교에 적응하고 오후에는 엄마학교에 적응하기 시작했다.

진우와 3월에 할 일은 들풀 익히기, 나도 모르는 들풀을 책 찾아가며 실물 들여다보며 들풀 이름을 익히기로 했다. 그래서 우리 주변 익히기를 확대하기로 마음먹었다. 군산 명화학교에 다녀오면 오후 2시쯤, 진우학교에서 들풀도 보고, 낙서도 하고, 쉬기도 하고, 그래서 익힌 들풀 이름이 여러 개 되었다. 진우도 엄마

등쌀에 들풀에 이름이 있다는 것을 알게 되었다. 그리고 나무 이름도 알던 것에 하나, 둘 더 알아내기… 진우와 함께… 욕심을 부리지 않기를…

– 진우 엄마 일기에서

'욕심부리지 않기'를 비는 마음이란…… 얼마나 조바심이 났을지 가히 짐작할 수 있다. 이듬해에는 진우가 초등학교에 입학할 나이가 되었다. 진우가 학교에 갈 수 있도록 독립을 시켜야 하고, 일상 훈련도 시켜야 하고, 다른 아이들이 그렇듯이 한글도 깨쳐야 하고 할 일이 많았다. 아내가 휴직을 한 것은 그것을 준비하는 데 집중하려는 목표 때문이었다. 어쨌든 1년 동안 진우를 학교에 보낼 수 있을 정도로 키우려고 마음먹던 터였다.

4월의
엄마학교에서

욕심부리지 않는 엄마 되기
안 되는 것 억지로 하려 하지 않기

이젠 진우와 둘이 지내는 것이 익숙해졌다.
진우를 유치원에 보내고,
나는 도서관에 가서 공부하기
오후 1시쯤 진우 찾아 서천으로 돌아와
진우학교에서 함께하기
오후 5시에 진우 유아 체조 배우기
그 후에는 진우와 성안산 산책하기
그러면 집에 와서 저녁 준비해서 식사하기

눈코 뜰 새 없는 나날이다.

하지만 진우와 오후 시간 지내는 것에 대한
구체적인 목표가 필요하다.
뭔가 많이 진우를 위해 학습할 것 같았던
처음의 계획을 바꿀 필요가 있다.

진우는 보통 평범한 아이가 아니라는 것을…
다른 아이들처럼 하지 못하는 것에
불평하지 말자.
그리고 욕심내선 안 된다.

일 년 동안 진우에게 해 주고 싶은 것
하나 정도를 정하자.
그 이외의 것은 천천히, 진우에게 맞게,
조바심 내지 않고 할 수 있는 만큼만…

그래서 정한 것이 처음에 의도했던 글 익히기
육영회의 '쉬운책' 시리즈를 가지고
문장 공부를 시작했다.
쉬지 않고 매일 조금씩 반복을 하고 있다.
언젠가 알겠지 하는 편한 마음으로…
하지만 단호하게.

- 진우 엄마 일기에서

글자를 읽어 나가기 시작하다

진우가 엄마학교를 통해서 얻은 가장 큰 성과는 한글을 깨치게 된 것이다. 심한 지적장애가 있는 진우가 과연 한글을 깨칠 것인가 하는 것이 우리에게는 매우 큰 관심사였다. 진우가 학습이 가능할지 확인할 수 있는 것이라고 생각했다.

진우는 글자를 하나하나 익혀 나갔다. 길에서 간판이나 현수막에 아는 글자가 나오면 그것을 알아맞혔고 그런 자신을 스스로 대견해 했다. 큰 소리로 저기 '자' 자 있다. 사자할 때 '자' 자가 있다. 저기 '우' 자가 있다. 진우 할 때 '우' 자가 있다. 같은 글씨를 그런 식으로 반복하여 가르쳤고 진우는 그렇게 글자를 한 자 한 자 익혀 나갔다. 아내는 일상적으로 진우에게 책을 읽어 줬는데, 책을 보며 한 자 한 자 손으로 가리키며 진우가 글자를 알아맞히고 읽을 수 있도록 했다.

그러다가 진우는 점차 자모를 따로 익히고 자모의 결합에 따라 달라지는 글씨에 대해서도 관심을 가지기 시작했다. 여기서 나는 한동안 진우의 지적인 능력이 생각보다 괜찮은 것이 아닐까 의구심을 가지기도 했다. 그저 외우는 것이 아니라 자모의 결합에 의해 생겨나는 경우의 수를 안다는 것은 어느 정도 추리력을 가진 것이라 생각했기 때문이다. 다른 아이들도 대략 6세 정도에 한글을 깨치니 늦지 않은 셈이었다. 그러니까 지적장애가 있더라도 그리 심하지 않을지도 모른다는 희망을 가지기도 했다.

어쨌든 진우는 책을 읽을 수 있었다. 그냥 외워서 줄줄 읽었던 세 살 때와는 다른 상황이었다. 가능한 한 글자 한 자 한 자를 구분하여 읽도록 했고 진우는 그것을 해냈다. 좀 어려운 글자는 틀리기도 하고 자꾸 외운 대로 읽다 보면 다르게 말하기도 했지만, 아무튼 분명히 글자를 읽어 나가기 시작했다. 물론 그것을 손으로 쓰는 것은 또 다른 일이었다. 무엇보다도 진우는 손에 힘이 없어서 쓰는 것을 잘 못했다. 이전에는 안전하게 걸을 수 있도록 다리근육을 발달시키려고 애썼다면 글씨 공부를 하면서부터는 손 근육 발달을 위해 애써야 한다고 여겼다.

손의 소근육 발달이 늦은 아이들에게는 피아노 건반 치기가 좋다고 했다. 알던 말이었지만 일할 때는 퇴근해서 밥 먹고 진우와 조금 놀다 보면 잘 시간이라 실천하기가 어려웠다. 하지만 시작이 반이라고 배운 김에 실천해야지 마음먹고 저녁 식사가 끝난 후에 아무도 없는 어린이집 교실에 가서 진우랑 피아노 건반을 눌러 본다. 아무 소리도 나지 않는 진우 손가락. 그저 건반을 누르기만 해도 딩동댕동 소리 내는 다른 아이들과는 달리 소리가 희미하게. 꽉 찬 여섯 살의 진우!

내년 일 년 동안 피아노를 누르다 보면 손가락 끝에 힘이 생겨 글씨를 쓸 수 있으려나!

- 진우 엄마 일기에서

장애를
받아들인다는 것

　　　　엄마의 노력에도 불구하고 끝내 진우는 적령기에 초등학교 들어가는 것을 포기해야만 했다. 학교를 가기에는 몇 가지 결정적인 어려움이 있었다. 무엇보다도 여전히 기저귀에서 벗어나지 못했다. 용변을 처리하는 데 미숙했다. 바지에 그대로 싸 버리는 경우가 많았다. 뒤처리도 혼자 힘으로 하지 못했다. 바지를 입을 때도 누군가 옆에서 도와주어야만 했다. 신발을 신는 것도 혼자 하지 못했다. 젓가락질도 안 됐다. 누군가 옆에서 행동 하나하나 일일이 지원해 주지 않는다면 거의 일상생활을 할 수 없었다. 더군다나 친구들과 전혀 어울리지 못한 채 어떤 상황이든 아랑곳하지 않고 혼자 방방 뛰곤 했다. 우리 부부는 결국 취학을 유예하기로 결정했다. 이러다 영영 학교에 못 가는 것이 아닐까 불안감이 몰려들었다.

　　　　　나는 이제 진우가 다른 아이들과 다르다는 사실을 인정해야만 한다고 생각한다. 일곱 살이 되니 나는 이제 있는 그대로 받아들이지 않을 수 없다. 마음이 무너진다. 참으로 아프다. 왜 우리 진우가 그래야 하나? 왜 다른 아이들처럼 주어진 사회적 과업을 수행해 나가지 못할까? 장차 어떻게 진우가 살아갈 수 있을까?

이런 일이 나에게 그리고 진우에게 생겼다는 사실을 정말 받아들이기 힘들다. 그러나 나는 이제 그걸 인정해야 한다고 생각한다. 그리고 거기서 출발해야 한다고 생각한다. 진우는 다른 아이이다. 진우의 삶은 다르다.

어쩌면 진우에게는 그것이 아무런 상관이 없는지 모른다. 진우는 그것에 아무런 심각함을 느끼지 못한다. 항상 즐겁고 쾌활하다. 거기에 진우의 생활이 있다. 다른 진우의 생활이 있다. 우리와 진우의 삶은 거기서 출발해야 하고 거기서 함께해야 한다.

내가 속상하고 가슴 아픈 것은 진우가 다른 아이처럼, 아니 우리들처럼 생각하고 행동하지 못한다는 데 있다. 우리가 만든 사회의 일원이 되지 못한다는 데 있다. 거기서 행복을 만들어 가지 못한다는 데 있다.

그러나 진우는 스스로의 삶이 있고, 행복이 있

다. 그것은 우리의 그것과 다르다. 이제 나에게 그것을 받아들이는 일만 남았다. 내일을 생각하지 말고, 오늘의 즐거움을 마음껏 누리는 일이 진우와 내가 함께 살아가는 가장 현명한 방법이 아닐까?

- 나의 일기에서

당시 내가 쓴 일기 속의 나는 그때부터야 비로소 진우의 장애를 받아들여야 한다고 되뇌고 있다. 아마도 그전까지는 뭔가 희망의 끈을 놓지 않고 있던 모양이다. 장애를 받아들인다는 것이 그렇게도 힘든 일인 셈이다. 일기에서는 이제 다 받아들일 것처럼 말하지만 사실은 그 이후로도 여전히 나는 일말의 희망을 붙잡고 있었다. 진우의 인지를 개발해 보려 부단히 애를 썼으니 말이다.

특별한 능력이
있는 건 아닐까

초등학교 입학을 유예한 이듬해에 어쨌든 진우는 학교에 들어갈 수 있었다. 여전히 혼자서 용변을 가리거나 옷을 입거나 신발을 신는 것이 어려웠지만 결단해야 했다. 한없이 기다릴 수만은 없었다. 방방 뛰어다니는 것은 병원에서 처방해 준 약을 먹여 해결할 수 있었다. 그런데 그즈음 진우가 또 한 번 나의 마음을 설레게 하는 일이 있었다. 진우가 바늘 시계의 시간을 보기 시작한 것이다. 처음에는 정각의 시간들을 읽어 냈다. 큰바늘이 12에 가 있고, 작은 바늘이 1에 가 있으면 1시, 이런 상황을 읽어 냈다. 그런데 점점 복잡한 상황까지 읽어 내는 것이었다. 12시 30분, 혹은 15분 이런 것도 보기 시작했다. 그러더니 9시나 11시 45분처럼 큰바늘과 작은바늘의 위치만 바뀌는 경우도 구분하여 시간을 보기 시작했다. 11시 55분과 12시도 구분하고, 심지어는 14분, 32분과 같이 큰바늘이 어중간한 곳에 위치하는 시간까지 읽어 내기 시작했다. 깜짝 놀랄 일이었다. 때때로 틀리기도 했지만 대부분 맞춰 냈다. 다른 아이들이 시계와 시간을 배우기 시작할 즈음에 진우도 그것을 해내기 시작한 것이었다.

　　　　나는 다시 진우의 장애에 대해 의심하기 시작했다. 진우가 좀 특별하기는 하지만 그만큼 특별한 능력이 있는 것일 수도 있다는 생각이 든 것이다. 진우는 수를 순서대로 말하는 것도 어려워하지 않았다. 일, 이, 삼, … 그러다가 십일, 십이, 십삼, … 이십일, 이십이, 이십삼, … 이런 식으로 말로 수를 세어 나가는 것을 쉽게 했다. 점점 더 많은 수를 셌고 심지어는 백을 넘어가도 어려움이 없었다. 그러나 나의 기대가 허망한 것이었다는 것을 다시 깨달았다. 진우는 정작 수가 무엇인지를 알지 못했다. 그것을 말할 수 있는 것과 그것이 무엇을 뜻하는 것인지 아는 것은 전혀 달랐다. 정작 진우는 물건을 세지 못했다. 예를 들어 동전 다섯 개를 놓고 그것을 세어 보라고 하면 이미 가리킨 것을 또 가리키니 여섯도 되고 일곱도 되었다. 아무리 반복해도 학습이 되지 않았다. 그러니 덧셈이나 뺄셈을 못하는 것은 너무도 당연했다.

　　　　진우는 시간도 전혀 몰랐다. 예를 들어 어디를 가려면 시간이 걸린다는 것을 이해하지 못했다. 그래서 9시까지 학교를 간다고 하면, 9시에 학교를 간다고 했다. 걸리는 시간을 빼고 시간을 계산해야 한다는 것을 몰랐다. 성인이 된 지금은 오랜 경험으로 인하여 좀 일찍 출발해야 한다는 것은 알지만 그것이 얼만큼인지 여전히 계산하지 못한다. 30분이 20분과 길이가 서로 다르다는 것을 모른다. 그것이 무엇을 말하는 것인지 지금도 모른다. 지난 일들은 그저 '어제'이거나 '작년'의 일이 된다. 그때그때, 그날그날의 수에 따라 달라지는 시간의 개념이 매우 희박하다.

그러니까 진우가 시계를 볼 줄 안다는 것은 시간과 전혀 상관없는 일이었다. 숫자가 무엇을 뜻하는지 알지 못한 채 외워서 읽어 내는 것 같은 일이었다. 그저 시곗바늘의 위치를 숫자로 말하는 것 이상이 아니었다.

불가사의한
암기력

　　진우가 시계를 보는 것은 결국 암기력의 결과라고 할 수 있다. 말하자면 그 모든 경우를 다 외운 셈이다. 어쨌든 그것 또한 불가사의한 일이지만 진우는 그것을 다 외워 냈다. 대단한 암기력이었다. 시계의 경우 그것을 암기해서 맞췄다는 것을 진우가 성인이 된 후에야 좀 더 분명하게 확인할 수 있었다. 오히려 여덟 살 때보다 성인이 된 이후에 바늘 시계를 잘 못 보니 말이다. 진우는 어릴 때보다 요즘 더 많이 틀린다. 이제는 바늘 시계 보기를 회피하는 상황까지 이르렀다. 거실의 시계 앞에 앉아 있을 때, "진우야, 몇 시니?" 하고 물으면 자기 방으로 들어가 휴대폰을 들고 나온다. 휴대폰의 시계를 보고서야 시간을 말한다. 휴대폰이 손에 쥐어지면서 오랫동안 숫자로 표시되는 시계와 지내다 보니 일상이 달라진 것이다. 이제 진우의 시계는 휴대폰 속으로 들어간 모양이다. 만일 어릴 때 바늘 시계의 원리를 깨우쳐 알았던 것이었다면 그 보는 법을 잊을 리 없을 것이다.

그러니까 진우는 그것을 통째로 외운 것이 분명했다. 시곗바늘이 가리키는 모든 경우의 시간을 통째로 외워 시계를 보는 순간 그것을 떠올려 말한 셈이다. 놀라운 일이지만 그렇다고밖에 딱히 설명할 길이 없다. 글자 또한 그렇게 익혔을 것이다. 자모의 변화에 따라 달라지는 글자 또한 원리와 상관없이 그것을 다 외워 버렸을 것이다. 돌이켜 보면 지금보다 어릴 때가 암기력이 훨씬 좋았다고 느껴진다. 확실히 어릴 때가 더 정확했다. 어릴 때는 스캐닝하는 것처럼 암기를 했으니 말이다.

진우는 지인들의 자동차 번호판을 다 외운다. 차가 지나가면 '저기 000선생님이 지나간다. 5083, 5083' 이렇게 말한다. 자동차 번호판으로 그게 누구 차인지 다 아는 것이다. 지인들의 휴대폰 번호도 다 외운다. 진우의 휴대폰을 보면 번호가 저장되어 있지 않다. 심지어 한동안은 통화 내역까지 싹싹 지웠다. 진우는 한 번 알게 된 사람에게 끊임없이 전화를 해댔고 그것을 늘 아빠가 감시하기 때문이다. 그래서 진우는 통화 내역을 지우고 번호도 저장하지 않는다. 그런데 끊임없이 지인들에게 전화를 한다.

진우는 그 많은 전화번호를 대부분 외우고 있다. 한 번 보거나 들으면 외워서 전화를 할 수 있다. 그래서 우리 부부는 사람들에게 전화번호를 진우에게 알려 주지 말라고 하는데, 진우는 카톡 등에서 그 사람 전화번호를 찾아내 전화를 하기도 한다. 진우의 비상한 암기력은 인터넷서핑에도 큰 역할을 하는 것 같다. 자신에게 필요한 것이 있으면 인터넷을 통해 기어코 알아내니 말이다. 인터넷서핑 능력은 우리 부부보다 진우가 훨씬 낫다.

진우의 특별한 능력이라면 능력이다. 우리 부부는 그런 진우를 보며 장애가 아니었다면 수재가 되었을 것이라고 말하곤 한다. 그런데 그것은 사실 지적장애 때문일 수도 있다. 삶이 단순하다 보니 어떤 특별한 측면에서는 초과하여 능력을 발휘하는 것인지도 모른다. 사람의 두뇌는 참 알 수가 없다.

비디오 기록 수준의
기억력

암기력만큼이나 진우의 기억력 또한 대단하다. 아주 어린 시절의 일을 지금도 생생하게 재생해 낸다. 어쩌면 진우에게는 시간이라는 개념이 없어서 그럴지도 모른다는 생각이 든다. 진우에게는 지난 일들이 모두 '어제' 혹은 '엊그제'의 일이고, 아주 오랜된 일은 '작년'으로 통칭된다. 그런 만큼 실제로 그것들을 생생하게 기억해 낼 수 있는 것인지도 모른다. 그 기억이 거의 사진을 찍어 둔 수준으로 너무도 정확하다. 대체로 희미하거나 부정확할 수밖에 없는 여느 사람들의 기억과는 좀 다르다.

그래서 우리는 집 안에서 물건을 찾을 때도 종종 진우의 도움을 받는다. "열쇠 어디에 놓았을까? 휴대폰을 어디에 놓았을까?" 하며 찾고 있을 때면 진우가 금세 찾아서 들고 온다. 진우는 한 번 보면 그것을 그림처럼 기억하고 있는 것 같았다. 아니면 그 물건을 좀 더 또렷이 보는 것은 아닐까 싶기도 하다. 많은 물건들 사이에서 해당 물건이 더 정확하게 보이는 것이 아닐까 하는 것이다.

한 번 다녀온 길도 거의 비디오 기록 수준으로 기억한다. 일반 사람들은 남의 차를 타고 어딜 다녀온다면 그 다녀온 길을 세세하게 기억하지 못할 것이다. 요즘은 대부분 내비게이션을 사용하니 스스로 운전하여 다녀온 길이라도 내비게이션 없이 다시 찾아가기 힘들다. 그런데 진우는 아빠 차를 타고 다녀온 그 길을 그대로 기억한다. 만일 내가 다른 길로 접어든다면 이내 길이 틀렸다고 지적한다. 이 또한 지적장애 때문인 것은 아닐까 생각한다. 인지력의 한계 때문에 진우의 두뇌가 처리하는 정보가 워낙 단순하다 보니 오히려 그런 부분에서 더 정확하게 기억되는 것이 아닐까 하는 생각이 든다. 아무튼 지적장애가 있는 진우에게서 그런 부분이 오히려 고기능으로 작동하고 있다는 것은 특별한 일이다.

지적장애인이라 하면 인지기능이 현저하게 떨어지는 사람을 말할 것이다. 진우의 인지력을 보면 대략 3~4세 정도에 머물러 있는 것으로 여겨진다. 일상에서 수행할 수 있는 일들의 수준이 대략 그 정도이다. 상황을 이해하는 능력이 그렇다. 그런데도 어떤 측면에서는 오히려 보통 성인을 훨씬 능가하는 기능을 가지고 있다. 기억하고 암기하는 활동에서는 그 누구보다도 뛰어나다. 그러니까 지적장애라는 것이 모든 측면에서 기능이 저하되어 있다는 뜻은 아니다. 많은 영역에서 명확히 한계를 가지고 있더라도 특정한 영역에서는 고도의 기능을 하니 말이다.

그렇지만 그러한 특별한 능력이 일상을 실현하며 살아가는 데 그리 큰 의미를 갖지는 못한다. 그것이 놓여 있는 맥락을 알지 못하고 상황을 이해하는 능력이 없다 보니 그런 능력을 적용하여 활용할 여지가 별로 없는 것이다. 다만 저 자동차가 누구 차인지 누구의 전화번호인지 알아서 써먹는 정도의 효용성이 있는 셈이다. 그러니까 특별히 고기능의 영역이 있다고 하더라도 그것은 여전히 지적장애의 영역 안에 머물러 있다고 할 수 있다.

계산하지 않아도 되는
자유

　　　　계산을 못하는 것은 진우가 가진 장애의 매우 두드러진 특징이다. 진우는 1부터 100까지 아무런 어려움이 없이 순서대로 수를 말하지만, 계산으로 넘어오면 그것은 아무 역할도 못한다. 그래서 진우의 일상에서 큰 어려움 중의 하나가 돈 쓰는 일이다. 한번은 식빵을 사다가 먹겠다고 해서 3000원의 현금을 들려 내보냈다. 그런데 빵 가게에 간 진우에게서 전화가 왔다. 식빵이 2700원이란다. 그런데 자기는 3000원을 가지고 있으니 살 수가 없다고 했다. 이게 스물두 살 때의 일이다.

　　　　그래서 진우는 현금보다는 체크카드를 들고 다니며 돈을 쓴다. 그게 얼마인지 상관없이 그저 긁으면 되니 말이다. 기차를 타고 군산을 다녀오겠다고 서천역에 간 진우에게서 전화가 왔다. 카드에 돈이 없어서 차표를 살 수가 없다고 했다. 통장에 넣어 준 돈을 이미 다 써 버린 것 같았다. 신용카드를 발급해 줄 수 없는 이유이다. 진우는 그게 얼마인지 잘 모르니 있는 대로 다 써 버리곤 한다. 진우가 돈을 넣어 달라고 했다. 나는 이제 더 돈을 넣어 줄 수 없으니 그냥 집으로 돌아오라고 했다. 그러자 진우는 군산 갈 돈이 없으면, 장항에 가서 영화를 보고 오겠다고 했다. 그러려면 군산역을 다녀오는 것보다 훨씬 더 많은 돈이 들어간다. 진우는 그게 계산이 안 되는 것이다.

좀 더 어릴 때는 그런 일이 있었다. 진우의 통장에 있는 잔고를 확인해 보니 사용한 금액 이상으로 오만원이 비었다. 은행 현금인출기를 통해 돈을 인출한 것이었다. 때로 만원짜리를 인출하여 쓰기도 하는데 오만원을 인출한 것이다. 그런데 그 돈을 어디에 썼는지 물으니 답을 제대로 못했다. 마트에 가서 음료수를 사 먹었다고 했다. 그렇다 해도 많은 돈이 남는데 그 돈을 어디에 썼는지 말을 못했다. 그렇게 이틀이 지나고 나서야 돈을 현금인출기가 있는 곳의 쓰레기통에 버렸다고 실토했다. 가서 뒤져 보니 정말 그 안에 오만원짜리가 있었다. 어쩌다 오만원을 인출하게 되었는지는 끝내 말하지 않았다. 다만 호기심으로 인출기를 눌러 보았다가 돈이 나왔는데 어찌해야 할지 몰라 당황해서 버린 게 아닐까 추측할 뿐이다. 진우는 그때까지

한 번도 오만원짜리 지폐를 사용해 본 적이 없었다. 진우의 입장에서는 충분히 가능한 일이었다.

진우는 오만원이 만원의 다섯 배라는 것을 알지 못한다. 숫자로 1과 5의 차이가 있을 뿐 그것이 무엇을 의미하는지를 모른다. 때문에 진우는 필요할 경우 체크카드를 이용하여 돈을 쓸 수는 있지만 자신이 가진 돈의 액수를 계산하고 그것을 일정하게 지출하고 관리할 능력이 전혀 없다. 어쩌면 그것은 매우 편할 수도 있다. 미리 계산을 하고 따져 볼 필요 없이 그저 쓰기만 하면 되니까 말이다. 얼마나 편하고 자유로울까. 진우가 살아가는 삶의 세계를 추측해 볼 수 있는 대목이다. 때문에 그것을 계산하고 따지는 일은 결국 배후에 있는 부모의 몫이 된다. 진우의 자유는 그것을 뒷받침하는 그 누군가의 조력에 의해 가능해진다. 그 자유를 계산 없이 쓰기 때문이다.

셈 공부를 통해
알게 된 것

혹 진우가 충분히 학습하지 않아서 셈을 못하는 것은 아닐까 의구심이 생길지도 모르겠다. 나 또한 그리 생각한 적이 있다. 생각해 보면 하나 더하기 하나 하면 두 개가 된다는 사실을 물건을 놓고 보면 간단한 일이 아닌가. 그렇다. 그리 복잡한 수가 아니라면 그 정도는 가능한 일이 아닌가 하고 말이다. 비장애인의 생각으로 그것은 아주 당연한 일이다.

진우가 초등학교 저학년일 때 나는 꽤나 오래 셈 공부를 지속했다. 다른 아이보다 어려운 일이라면 그만큼 더 오래 더 세심한 방법으로 셈을 익히도록 하면 될 거라고 생각했다. 장애를 가진 아이를 키우는 부모로서 그만큼 더 노력해야 한다고 여겼다. 진우가 바늘 시계를 보게 된 것은 그런 노력의 성과였다.

바둑알 혹은 동전, 구슬, 과자 등 다양한 물건을 동원하였다. 진우가 흥미를 느낄 만한 다양한 물건을 가지고 하나, 둘, 셋, 넷, 다섯… 이렇게 세도록 하고,

거기에 두 개 더하기 두 개, 한 개 더하기 세 개, 혹은 두 개 빼기 한 개 등을 반복하며 더하기 빼기 등의 관념을 형성하도록 돕고자 했다. 한편으로는 숫자카드를 동원하여 숫자카드와 물건의 개수를 매치하도록 시도하기도 했다. 개인용 컴퓨터의 윈도우가 보급되면서 다양한 셈 공부 프로그램이 보급되기 시작하던 때여서, 그것을 적극적으로 활용하기도 했다. 진우가 컴퓨터 다루는 것을 무척 좋아했기 때문이다.

그렇게 하다 보니 진우는 정말 그것을 해내기도 했다. 지속적으로 반복하니 그것을 맞춰 내기도 하는 것이다. 바늘 시계를 보기 시작하거나 글자를 깨치는 등 특별히 두각을 나타내기도 했으니 말이다. 때때로 희망을 가지고 더 열을 올리기도 했다. 그러나 점차 진우가 그것을 외워서 할 뿐 실제 셈을 해내는 것이 아니라는 것을 알게 되었다. 물건을 세다 보면 센 것을 또 세니 개수는 그때마다 달라졌다. 한동안 잘하다가도 어느덧 그리했다. 한 번 센 것을 내가 한쪽으로 치워 놓으면 헷갈리지 않지만 스스로 그것을 하지는 못했다. 똑같이 생긴 동전이 이것은 하나가 되고, 이것은 둘이 된다는 것이 무엇을 뜻하는지 몰랐다. 진우에게는 그저 다 같은 동전일 뿐이었다. 그래도 셋, 넷 정도까지는 어찌저찌 되었지만 다섯, 여섯을 넘어가면 헷갈리기 시작하였다. 내가 참지 못하고 화를 내면 진우는 어찌할 줄 모르는 표정이 되었다. 왜 혼나는지조차 도무지 모르는 표정이었다.

오랜 시간 진우와 셈 공부를 하며 진우의 머릿속에는 그런 세계가 없다는 것을 확인한 셈이었다. 아빠가 무엇을 하고 있는지 무엇을 하려는지 진우는 이해하지 못한다는 것을 확인했을 뿐이었다. 진우가 나와 다르다는 것을 받아들여야만 했다. 그렇지만 그것은 매우 어려운 일이었다. 진우가 나와 다른 세계에 있다는 것, 나와 소통되지 않는 그런 세계에 있다는 것은 참으로 견디기 어려웠다.

엄마가 본
진우가 못하는 것과 잘하는 것

진우가 다섯 살 때쯤 관찰하여 쓴 것이다.

★ 진우가 못하는 것
① 천천히 걷기(뒤뚱거림)
② 층계 혼자 내려오기 (훈련으로 약간 좋아짐)
③ 변기에 걸터앉기(최근에 약간 좋아짐)
④ 책상다리
⑤ 손으로 반듯하게 줄 긋기
⑥ 가위바위보 특히 가위 하기가 힘듦
⑦ 세발자전거 타기
  – 발을 페달에 올려놓지 못함

★ 진우의 정서 상태
① 흥분하면 소리를 지름
② 막대기를 좋아하고 잡으면 휘두르고 다님
③ 수영장에 가면 물을 보고 두려워함

★ 진우가 특별히 좋아하는 것
① 거울
② 장갑
③ 마이크
④ 차 key

★ 진우가 잘하는 것
① 단추 누르는 것
② 자물쇠 구멍에 열쇠 넣는 것
③ 컴퓨터 프로그램 찾기 (예: 아래 한글 들어가기 등)
④ 책 암기하는 것

아빠가 본
진우가 잘하는 것과 못하는 것

진우가 일곱 살 때쯤 관찰하여 쓴 것이다.

★ 진우가 잘하는 것
① 한번 경험한 것 기억하는 일
② 상표를 기억하는 일
③ 책 외우기
④ 산책하기
⑤ 존댓말 쓰기
⑥ 인사하기
⑦ 좋으면 소리 지르기

★ 진우가 못하는 것
① 두 발 모아 뛰기
② 세발자전거 페달 밟기
③ 한 발씩 계단을 오르거나 내려오는 일
④ 수로 물건을 세기
⑤ 친구들과 함께 놀거나 대화하기
⑥ 오늘, 어제, 아까 등을 구분하기

⑦ 혼자 신발 신거나 벗기
⑧ 혼자 옷 입기
⑨ 그림 그리기
⑩ 퍼즐 맞추기
⑪ 가만히 있기
⑫ 혼자서 옷 내리고 용변 보기
⑬ 아빠다리를 하고 앉는 것

★ 진우가 좋아하는 것(사람)

① 할머니, 할아버지
② 기차
③ 어른에게 인사하고 말 걸기
④ 동물
⑤ 막대기로 두들기기
⑥ 부처님
⑦ 과일(특히 포도)
⑧ 거울

★ 진우가 싫어하는 것
① 벌레
② 놀이기구 타기
③ 밥 먹기

몰라도
너무 모르고 있던 것

한때는 진우의 발달이 정체되어 있는 것이 진우 스스로 변화를 거부하고 있기 때문이라고 생각했다. 물에 대한 두려움이 그것을 보여 주는 대표적인 사례였다. 진우는 물놀이를 좋아하면서도 물을 매우 무서워했다. 풀장에 가면 물이 무릎 위로만 올라와도 들어가지 않았다. 때문에 물놀이라 해도 물 주변에서 물장난을 하는 정도였다. 바다에 가도 물이 발목 위로 올라오면 더 이상 들어가지 않았다. 물가에서만 놀 뿐이었다. 또래의 다른 아이들은 튜브를 끼고 더 깊은 곳에 들어가서 놀지만 진우는 한사코 그것을 거부하였다. 초등학교 저학년 때쯤이었을 것이다.

나는 그런 진우를 좀 더 물속으로 데리고 들어가고 싶었다. 튜브에 진우를 태우고 데리고 들어가 놀아 주고 싶은 마음이 굴뚝같았다. 그렇게 놀고 있는 다른 아빠들이 부럽기도 했다. 나는 진우에게 안전하다는 것을 설명하면서 한 발 한 발 물속으로 들어가게 하려고 애썼다. 그럴 때마다 진우는 물 밖으로 뛰쳐나

가곤 했다. 한동안 물 밖에서 배회하다가 다시 돌아와 겨우 물가에 앉아 놀았다. 그렇게 점차적으로 진우를 설득하며 물에 데리고 들어가려 했던 노력은 번번히 실패하고 말았다.

한번은 내가 작심하고 진우를 번쩍 들어 안고는 물속으로 성큼성큼 들어갔다. 물이 허벅지 정도까지 올라와도 발이 땅에 닿는다는 사실과 그래도 물에 빠지지 않아 안전하다는 것을 직접 체험시켜 줘야겠다고 마음먹은 것이다. 그러나 진우는 벌써부터 몸부림치기 시작했다. 그러니 내가 진우를 물에 놓았을 때는 정말로 물에 빠진 사람처럼 허우적거렸고, 필사적으로 물 밖으로 도망치고는 울고불며 아예 백사장을 가로질러 육지 쪽으로 가서는 하염없이 헤매고 다녔다. 내가 가서 간신히 붙잡았지만 나로부터 필사적으로 빠져나갈 뿐 아니라 더 이상 바닷가로 오려 하지 않았다. 그때 진우의 시선은 초점을 잃은 채 허공을 헤매고 있었다. 완전히 넋이 나간 아이의 모습이었다. 그 모습을 보고 나서야 나는 물이 진우에게 그저 무서운 정도의 것이 아니라는 사실을 알았다. 아마도 내가 상상하는 것 이상의 공포 자체가 아니었을까. 진우는 결코 그것을 받아들일 수 없는 것처럼 보였다.

　　　　나는 이때서야 비로소 진우 입장에서 생각해 보게 된 것 같다. 그동안 무언가를 하게 하려고 애썼지만 진우 입장에서 생각해 보지는 않았다는 생각이 들었다. 그러니까 진우에게 바다는 어디까지 얕다가 점점 얼마나 더 깊어지는지, 그러니 얼마만큼은 안전하고 얼마만큼은 위험한지 그것을 가늠하는 인식 자체가 아예 없는 것 같다. 그래서 물이 찰랑찰랑하는 그 자체가 이미 공포였던 것은 아닐까 하는 생각을 그제야 하게 된 것이다. 물놀이를 좋아하고 안 좋아하고의 문제와 전혀 별개의 것이었던 셈이다. 그날 일은 내가 그동안 진우를 몰라도 너무 모르고 있었다는 사실을 깨달은 첫 번째 사건이었다. 지금 생각해도 진우에게 미안하고 또 미안하기만 하다.

1년간의
양치 공부

발달장애인을 자녀로 둔 부모라면 아이 스스로 일상생활이 가능할지가 무엇보다도 가장 큰 걱정일 것이다. 언젠가 부모는 세상을 떠날 것이고 그러면 아이는 혼자 살아가야 할 텐데 과연 혼자 하루하루를 살아갈 수 있을까 하는 것 말이다.

진우가 성인이 된 지금도 여전히 씻고 밥 먹고 옷 입는 가장 기본적인 일조차 부모의 도움이 필요하니 어린 시절은 말할 것도 없었다. 다른 무엇보다도 특히 양치는 더 그랬다. 가능한 한 혼자 하도록 하여 스스로 할 수 있는 힘을 길러 주려 애를 썼지만 양치만큼은 그럴 수 없었던 것이 치아 건강은 한번 잃으면 회복하기 어렵기 때문이다. 때문에 양치는 거의 해 줬고 스스로 하게 하더라도 한 번씩 더 해 줬다. 물론 성장하면서 스스로 하는 훈련을 여러 번 시도해 보았지만 잘 되지 않았다. 그러다가 중학교 3학년 때쯤 나는 한 해를 진우 양치 독립의 해로 정하고 작정하여 양치 훈련을 시키기로 마음먹었다. 그래도 이 정도 컸으면 해낼 수 있지 않을까 하는 희망을 가진 것이다.

이를 닦는 효과에 대해 이해할 수 있는 인지력을 가지고 있지 않으니 칫솔이 입안에 몇 번 들어갔다 나오면 그것으로 그만인 진우였다. 그것이 정작 무엇을 하는 것인지 몰랐다. 그저 양치 흉내를 내는 정도였다. 나는 그래서 양치를 무조건 암기하도록 하려는 계획을 세웠다. 일단 치아를 앞, 좌측, 우측, 안쪽 위 앞, 좌, 우, 안쪽 아래 앞, 좌, 우, 마지막으로 혀, 이렇게 열 곳으로 나누었다. 그리고 그것에 1, 2, 3, 4로 10까지 숫자를 붙여 옆에서 아빠가 1번 하면 앞, 2번 하면 좌측, 이렇게 순서대로 닦도록 반복하여 훈련을 했다. 1년을 이렇게 하다 보면 그것이 자동적으로 몸에 배어하게 되지 않을까 생각해 본 것이다. 진우는 아빠가 옆에서 그렇게 하자 정말로 그대로 하였다. 얼마나 잘 닦는지는 그만두고라도 어쨌든 10군데로 나눠서 칫솔이 한 번이라도 닿게 하고자 했던 것이다. 그러나 아빠가 현장에 없으면 원래 상태로 돌아갔다.

입안의 구조에 대한 인식이 없어서 그런가 하는 생각이 들어 치아 모형을 구입하여 그것에 칫솔질

하는 것을 반복하여 보기도 했다. 그렇지만 자기의 입으로 돌아가면 그런 연습은 쓸모없는 일이 되었다. 첫 솔질이 앞, 옆 이렇게 넘어가다가 4번, 5번쯤 가면 순서가 엉키는 듯했다. 어디를 했는지 어디를 안 했는지조차 헷갈리기 시작했다. 그래서 오리무중에 빠지고 그저 몇 번 여기저기 칫솔이 왔다 갔다 하고 마는 것이다. 입안 치아의 위치나 영역에 대해 의식하는 것 자체가 진우에게는 어려운 일이었다. 더구나 그것을 순서대로 배열하는 것은 더더욱 어려운 일일 수밖에 없다. 결국 1년간의 양치 공부는 진우가 이것을 할 수 없다는 사실을 배우게 된 과정이었다. 그래도 양치는 진우가 스스로 하는 것이라고 여기게 되는 정도의 성과는 있었다.

발달장애인들과   **2**
미술 활동을 하면서

장애를   진 우 의   거 울
마주하며
사람을
다시
바라보다

할 수 있는 것을 통해
할 수 있게 되는 것

내가 진우와 미술 활동을 해야겠다고 생각한 것은 진우가 초등학교 2~3학년이던 때부터였던 것 같다. 방과후수업 등으로 진우는 이런저런 프로그램에 참여하기 시작했는데 그중에 미술 활동이 있었다. 프로그램에 참여한 날 진우는 무언가 만들어 와 나에게 자랑했다. 자기가 만들었다고 했다. 그러나 그것을 진우가 만들었을 리 없다는 것은 너무도 확실했다.

진우는 일단 입체 개념이 없다고 할 수 있다. 만일 점토로 그릇을 만든다고 해도 그것을 위로 쌓아 올리지 못한다. 사람을 만든다고 해도 서 있는 사람이 아닌 바닥에 누워 있는 상태로 만들 뿐이다. 그림도 구체적으로 형상화시키기 어렵다. 성인이 된 이후에도 여전히 사람을 그릴 땐 졸라맨 같이 아주 간단한 모습으로 그린다. 더군다나 진우는 손 근육의 경직이 있기 때문에 섬세한 동작을 하기 힘들다. 그런데 방과후 수업에서 종종 그릇을 만들어 오거나 심지어는 종이를 접어 만든 꽃을 가져오기도 했다. 대부분 교사 혹은 지도사가 해 준 것이었고 거기에 '김진우'라고 글씨 쓰는 정도가 진우가 한 활동이었다. 어쩌면 그 정도도 소근육을 발달시키기 위한 작업치료 같은 측면이 있겠지만, 결과적으로 그런 만들기 활동은 진우가 할 수 없는 것을 한 것처럼 꾸미는 효과밖에 없었다.

나는 그런 방식으로 진우가 미술 활동을 하는 것이 과연 마땅한 것인지 회의가 들었다. 결코 해낼 수 없는 것을 늘 선생님이 해 주고 진우는 그것을 자기가 한 것이라고 믿게 되는 상태가 지속된다는 것이 어떤 의미가 있을까 생각할수록 답답해졌다. 어쩌면 처음에는 선생님이 해 주더라도 시간이 지나면 진우가 조금씩 더 스스로 해 나가게 되지 않을까 기대할 수도 있다. 그래서 아마도 그런 교육 방식이 그렇게 정당화되고 있는 것일지 모른다는 생각이 들었다.

그러나 그런 건 단지 희망 사항일 뿐이라는 것이 점점 명확해졌다. 만일 그런 식으로 계속 교육을 한다면 진우에게는 누군가 해 준 것과 자신이 하는 것의 구분조차 아예 할 수 없게 되는 결과를 가져올 것이다. 결국 혼자서 할 수 없다는 것을 학습하게 되고 오히려 아무것도 할 수 없게 되는 결과를 가져오지 않을까 하는 우려가 들었다. 진우가 할 수 있는 것을 통해서 할 수 있는 만큼 할 수 있게 되는, 그런 교육 방식이 적용되어야 하는 게 아닌가 하는 반문을 하게 되었다. 아무리 사소한 동작이라도 진우가 할 수 있는 만큼의 동작으로 그것을 강화할 수 있어야 하고 거기에서 스스로 한 발자국이라도 나아갈 수 있어야 하지 않을까 생각한 것이다.

학교에서 진행되었던 진우의 미술 활동은 내가 진우의 교육에 대해 좀 더 진지하게 생각해 보는 계기가 되었던 것 같다. 진우가 초등학교에 진학하면서 학습을 따라갈 수 있게 하려고 셈이나 시계 보기 등의 지적 훈련에 매달리기도 했지만, 진우의 조건과 상태를 생각하며 그 교육적 방법에 대해 깊이 있게 생각해 보지 못했던 것이다. 그렇다고 내가 곧바로 진우에게 맞는 활동을 시작한 것은 아니었다. 나는 여전히 적극적으로 나설 마음을 갖지 못하고 있었다.

발달장애 아동들의
미술교육에 대해

그즈음 아내는 지역에서 발달장애 아이들의 부모 모임을 꾸리기 시작하였다. 다양한 장애인 단체 중에 부모연대와 같은 곳이 대도시 중심으로 활발하게 활동하고 있던 상황이었다. 당시 그런 운동을 통해 주목할 만했던 성과는 장애인 교육권을 획득한 것이다. 장애가 있다는 이유로 입학을 거절당하는 일은 사라지게 되었다. 특수교사가 배치되었고, 보조교사의 활동 지원을 받을 수 있게 되었다. 장애 아동들도 학교교육의 일원으로서 존중받기 시작한 것이다.

이런 세상의 움직임을 지켜보면서 부모들은 연대하여 지역에서 우리 아이들의 권리를 지킬 필요성을 절감했다. 진우 엄마는 그런 일에 앞장서기 시작하였다. 부모들이 모이자 진우 친구들이 생겼다. 지역에는 생각보다 많은 발달장애 아이들이 있었다. 다들 성장기에 있는 아이들이었기에 그 부모들은 아이들에게 알맞은 교육적 기회가 공유되기를 바라고 있었다. 그런 기회의 확장을 위해 지역사회에 요구하고 의견을 내는 것 또한 주요한 활동이었다.

그러한 모습들을 지켜보면서 미술교육자로서 나도 역할을 해야겠다는 생각을 가지기 시작하였다. 중등학교 미술 교사지만 이제 발달장애 아동에 알맞은 미술 활동을 창안하고 지원하는 역할을 해 봐야 하지 않을까 생각하게 된 것이다. 일단 부모회 소속의 자녀들을 모아 미술 활동을 시작해 보기로 마음먹었다. 부모들은 좋아하였다. 장애로 인하여 소외되어 있는 교육의 기회를 가질 수 있다고 하니 반가워했다. 그렇게 나는 6~7명 가량의 진우 또래 아이들과 함께 미술 활동을 시작하였다. 아내가 부모 모임을 시작하고 2~3년 정도 지난 즈음이었다.

이것이 내가 발달장애 아동들과 본격적으로 만나게 된 첫 출발점이 되었다. 이전에도 종종 나의 교실에서 발달장애 학생을 만나기는 했다. 그것이 그리 오래된 세월은 아니었지만 말이다. 특수교육이 통합교육으로 공교육에 도입된 것이 90년대 초반이었으니 아마도 그 이후의 일이었을 것이다. 그렇지만 그런 학생의 지도는 특수교사의 일이라 여겼고 나의 일이라고 생각해 본 적이 없었다. 수업에 들어오는 경우 발달장애 학생은 거의 방치되었고 종종 말썽이 일어나 수업에 방해가 되면 특수교사가 데려가도록 했던 적도 있었다. 지금 생각해 보면 참 무지한 일이었다. 그만큼 나 또한 발달장애에 대한 아무런 지식이 없었다. 그들의 삶이 나와 어떤 관계가 있을 것이라고 상상조차 해 본 적이 없었다. 그러던 내가 이제는 발달장애 아동들의 미술교육에 대해 본격적으로 고민하게 된 것이다.

나는 이때 즈음부터 비로소 발달장애를 적극적으로 마주하기 시작했다고 할 수 있다. 진우에게 이것저것 가르치려 애쓰기는 했지만 발달장애인의 특성에 알맞은 교육이 무엇일까 본격적으로 고민하기 시작한 것은 이때 즈음부터였다. 진우가 장애 진단을 받자마자 아내가 팔을 걷어붙이고 나섰던 것에 비하면 늦어도 한참 늦은 때였다. 그만큼 나는 꽤나 긴 시간 동안 어찌해야 할 바를 몰랐던 것 같다.

즐거운 놀이가
되기를 바라며

부모들의 기대가 컸다. 우리 아이도 다른 아이들처럼 그림을 그릴 수 있으면 좋겠다는 기대가 있었다. 나는 그런 기대를 바로 충족시킬 수 있으리라 생각하지는 않았다. 장애가 있는 만큼 할 수 없는 것이 있기 때문이다. 게다가 진우의 친구들도 다들 비슷한 정도의 심한 장애를 가지고 있던 상황이었다.

나는 일단 아이들의 장애 상태를 인정하고 활동을 시작해야 한다고 생각했다. 그래서 기능적으로 수행이 가능한 범위 내에서 활동하고자 했다. 무언가를 특별히 해내지 않더라도 그저 선을 긋거나 문지르는 활동만으로도 충분히 즐겁고 만족할 수 있기를 바랐다. 첫 활동으로 종이를 이어 붙여 방바닥만 하게 깔아 놓고 그 위에 앉아 크레파스로 자유롭게 긋거나 문지르는 활동을 했다. 그다음에는 거기에 물감을 사용하여 마음껏 칠하거나 문대면서 있는 그대로 즐기는 시간을 가졌다. 종이를 길게 천장에 매달아 놓고 칠하게 하기도 하고, 화선지를 매달아 물을 머금으면서 종이가 다 찢어져 흘러내리는 상황을 연출하기도 했다. 무엇보다도 그것이 즐거운 놀이가 되기를 희망했다.

　　　즐거움이야말로 자발성을 촉진하여 활동을 강화할 수 있다고 생각했다. 그러한 즐거움을 바탕으로 아이들의 발달을 촉진하는 데 도움이 되지 않을까 기대했던 것이다. 즐거운 미술 활동이 감각적인 자극을 더해 줄 것이고 당연히 그런 활동이 인지적으로나 기능적으로 발달을 촉진할 것이라고 생각했다. 그래서 할 수 있는 범위에서 가급적 감각적으로 다양한 경험을 할 수 있도록 했다. 종이에 물감을 묻혀 다른 종이에 겹쳐 흔적 나타내기 혹은 데칼코마니, 요철이 있는 곳에 종이를 대고 크레파스로 문질러 흔적을 만드는 프로타주, 물과 기름기의 반발 작용을 활용하는 배틱 기법, 색종이를 오려 붙이기, 그림을 오려 콜라주 하기 등 다양한 기법들을 사용하여 경험을 풍부하게 해 주려고 했다. 그런 활동들이 켜켜이 쌓여 성장의 밑거름이 되지 않을까 기대했던 것이다.

　　　그렇지만 활동을 하면 할수록 그것이 막연한 기대였다는 것을 점차 깨닫게 되었다. 출발은 좋았

으나 흥미가 지속되기란 쉽지 않았다. 번번이 흥미로운 활동을 개발하여 제시하는 것 또한 쉬운 일이 아니었다. 비슷한 활동이 반복되는 것으로는 흥미가 지속될 수 없었다. 몇 번 활동하고 나면 아이들은 금세 흥미를 잃는 것이 느껴졌다. 무엇보다도 활동이 조금만 복잡해지면 이내 벽에 부딪힌다는 사실에서 한계를 느꼈다. 인지적 한계로 인해 종종 가로막히는 상황을 마주해야 했다. 아무리 사소한 활동이라도 그것을 수행하는 데에는 최소한의 기능이 필요한데, 아이들은 예상했던 것보다 그런 것들을 해내지 못했다.

기대했던 것과
안 되는 것들

장애의 특성을 고려하여 아이들이 할 수 있는 활동부터 시작하자고 마음먹었지만, 활동을 하는 데에는 최소한의 기능이나 인지능력이 필요했다. 할 수 있는 범위에서 이것저것 해 보다가도 그다음 단계로 나아가려면 또 다른 기능들이 필요했다. 그게 한정되면 할 수 있는 활동들이 별로 없었다. 기발한 아이디어로 즐겁게 놀았다 해도 그다음으로 할 수 있는 일들이 별로 없는 상황이 되는 그것이 한계였다.

색종이를 다른 도화지에 붙이려면 당연히 풀을 칠하고 풀이 묻은 곳을 도화지에 대고 붙여야 할 것이다. 그러려면 풀을 칠한 뒤 종이를 뒤집어 풀이 묻은 곳이 도화지에 닿게 해야 한다. 그러나 어떤 아이는 그게 안 되는 것이다. 종이를 왜 뒤집어야 하는지를 알지 못하기 때문이다. 풀이 끈끈하여 서로 붙게 하는 역할을 한다는 것을 끝내 이해하지 못할 때 그것은 아주 무의미한 일이 되었다. 때문에 종이를 뒤집지 않아 풀이 묻은 곳이 위로 향하게 한 채 손으로 문지르고 있는 것이다. 또한 그림을 오려 붙여야 할 때에도 그림이 있는 쪽에 풀을 묻혀 버렸다.

가위질도 마찬가지였다. 가위를 한 손에 끼워야 한다는 것부터 늘 다시 알려 주어야 했고, 손의 힘을 의도적으로 쓸 줄 모르니 종이는 제대로 잘리지 않았다. 생각대로 오려지지도 않았다. 그림을 따라 오리는 것은 더욱 고난도 활동이었다. 그래서 가위질만 반복하여 훈련시켜 보기도 했지만, 결국 옆에서 일일이 참견하거나 해 줘야 하는 사태가 발생했다. 그렇게 한다고 해도 쉽게 훈련이 되지도 않을 뿐더러 그런 상황이 지속되면 미술 활동이라기보다는 작업치료 같은 활동이 되곤 했다.

대부분의 활동을 기능적으로 수행하지 못하는 아이도 있었다. 종이를 접는 것이 안 되어 그저 구겨 버리거나, 심하게는 손으로 하는 활동에 눈을 맞추지 못하는 아이도 있었다. 무언가를 잡고 흔들기는 하여도 그것을 눈으로 보는, 그러니까 손과 눈의 협응 능력이 없는 것이다. 때문에 마구마구 선을 긋기는 해도 아주 단순한 형태도 의도적으로 그려 낼 수는 없었다.

돌이켜 보면 진우를 키우면서 늘 마주하던 일이다. 진우 역시 가위질은 그만두더라도 옷의 단추를 끼우는 일조차 어려운 상황이었으니 말이다. 그럼에도 다른 아이들을 만나 새삼스레 다시 그런 문제들에 부딪히게 된 것이다. 미술 활동을 시작하면 어쩌면 그 정도는 해내게 되지 않을까 기대했는지도 모른다. 그래서 때로는 그런 기능들을 익히게 하려고 무던히 애쓰기도 했다. 도형을 따라 그려 보거나 단순한 선을 따라 자르거나 하는 훈련 과정을 만들어 해 보기도 했다. 그러나 그것을 할 수 있는 아이는 해냈지만, 그렇지 않은 아이는 못할 뿐이었다. 일일이 간섭하면 잠시 해내기도 하지만 그때뿐이었다. 그런 동작을 누군가 대신해 주지 않고서는 스스로 해낼 수 없는 활동이라는 것이 명확했다.

할 수 있는 일이
별로 없다는 벽

흥미로운 활동에서 출발하여 점차 그 기능을 확장시킬 수 있을 거라는 생각은 몹시 순진한 생각이었다는 것이 드러나기 시작했다. 어찌어찌 가능해진다 하더라도 그것은 단시간 내에 실현될 수 있는 그런 성격의 것이 아니었다. 결국 내가 그동안 진우를 키우며 가지게 되었던 장애에 대한 생각은 여전히 소박한 수준에 불과했다는 것만 확인하게 된 셈이다. 미술교육 전문가로서 발달장애 아동들의 감각적 활동을 활성화시키면서 기능과 인지의 발달에도 영향을 미칠 수 있을 것이라며 달려든 것은 무지의 소산이었다.

그것은 또 다른 좌절이었다. 별다른 효과를 내지 못하였고 그만큼 내가 딱히 할 수 있는 일이 별로 없다는 것만 확인했을 뿐이다. 미술 활동을 계속해야 하는지도 알 수 없게 되어 버린 듯했다. 다른 사람들이 그러듯이 작업치료와 같은 미술 활동을 해야 하는지 아닌지 분간할 수 없었다. 선긋기를 훈련하고, 특정 도형 안을 채색하거나 반복하여 그리게 하는 등의 훈련으로 하는 미술 활동 말이다. 그런데 내가 하고자 했던 미술 활동은 적어도 그런 것이 아니었다. 그렇게 할 수는 없었다. 미술은 그보다 더 총체적인 활동이며 자기 즐거움을 바탕으로 하는 예술적 행위라고 믿고 있었기 때문이다. 미술 활동을 그런 단순 기능적인 활동으로 전락시킬 수는 없다고 생각했다. 그럼에도 나는 아이들이 무언가 더 나은 표현을 해내도록 이끌고 싶었고 그 방법을 가르치고 싶었던 것이다. 미술교육자로서 그런 사명감, 혹은 의무감 같은 것에 붙들려 있었다. 그런데 내가 할 수 있는 일이 별로 없다는 것을 확인하는 과정밖에 되지 않았다니, 다시 한없이 답답해졌다.

그렇다고 활동을 그만둘 수는 없었다. 애초에 시작하지 않았으면 몰라도 이제 와서 그럴 수는 없었다. 그건 아이들을 포기하는 일이 되니까. 내가 무엇인가 의미 있는 역할을 할 수 없다고 해서 활동을 그만둬 버릴 수는 없었다. 물론 내가 아무것도 할 수 없다면 언젠가는 미술 활동이 중단될 수 있다는 생각도 들었다. 나의 역할이 없어지면 아이들도 점차 아무것도 안 하게 될 것이다. 만일 그렇게 된다면 그때 가서 그만두더라도 어쨌든 당장은 그만두지 않기로 마음먹었다. 혹여 그러다가 다른 수가 생길 수도 있다는 일말의 기대를 버리지 않았던 것인지도 모른다.

   그때 내가 할 수 있었던 일은 활동 시간을 정해 놓고 아이들이 오도록 하고 늘 하던 대로 재료를 준비하여 그것을 제공하는 일밖에 없었다. 물론 재료를 다루는 데 있어서 어려움을 겪을 경우 도와주고 지원해 주는 일을 했다. 아주 심한 장애가 있는 경우 물감을 접시에 따르는 일마저 쉽지 않았기에 내가 그런 일을 해 주어야 했다. 무엇을 하라고 시키지는 않았지만 "해 봐, 해 봐!"라고 격려하는 선에서 머물며 활동을 이어 나가려고 했다.

시키고 가르쳐야 한다는
마음

다행스럽게도 미술 활동은 계속되었다. 활동 시간이 되면 아이들은 왔고 재료가 제공되면 무언가를 했다. 그저 선을 긋는 행위를 하는 아이는 선을 그었고 물감을 칠하는 아이는 물감을 칠했다. 도형을 그리는 아이는 도형을 그렸고, 사람이나 자동차 같은 물건을 그리는 아이는 그런 것을 그렸다. 내가 아무런 역할을 하지 않더라도 아이들은 자기가 할 수 있는 것을 계속하였다. 내가 예상했던 것 이상으로 아이들은 계속 활동을 수행했다. 내가 뭔가를 시키고자 했던 것들과는 아무런 상관이 없이 본래 자신들의 모습으로 되돌아간 것처럼 보였다. 내가 애썼던 일들이 무색하게 느껴졌다. 그렇다고 그간의 내 역할이 아주 무의미한 것은 아닌 것 같았다. 어쨌든 이 시간이 되면 미술 활동을 한다는 규칙 같은 것이 생겼으니 말이다.

내가 젊은 시절 어린이집 미술 교사를 하던 때가 떠올랐다. 그때는 정말 아이들에게 재료만 제공할 뿐 나는 어떤 간섭도 하지 않았고 아이들은 미술 시간이 되면 으레 하던 대로 그림을 그렸다. 아이들은 각자 자신이 그리고 싶은 것을 그렸고 그것을 지켜보는 것이 내 역할의 전부였다. 그럼에도 미술 활동은 늘 즐겁게 중단 없이 이뤄졌다.

그러나 중등학교 미술 시간에는 그런 일이 일어나지 않았다. 나는 늘 무언가 과제를 내주어야 했고 그래야만 아이들은 활동했다. 그것도 하던 것을 또 하면 아이들은 당장 지루해 했다. 끊임없이 새로운 과제를 창안해 내야 했다. 그것도 가능한 한 흥미를 유발할 수 있는 것이어야 아이들은 몰입하였다. 어쩌면 내가 발달장애 아동의 미술 활동에서 끊임없이 무엇인가 과제를 만들어서 제시하려 했던 것도 그런 연장선상에서 이루어진 것인지도 모른다. 무엇인가 가르쳐야 한다는 직업적 사명감 같은 것이기도 할 것이다. 더군다나 장애 아동의 발달을 촉진하는 데 기여해야 한다는 사명감까지 더해졌으니 말이다.

놀랍게도 발달장애 아이들은 내가 아무것도 하지 않는 가운데 자신들이 할 수 있는 것을 하기 시작했다. 흡사 어린이집의 아이들이 그랬던 것처럼 말이다. 그게 발달장애인이기 때문에 가능한 일인지도 모른다는 생각이 들었다. 인지능력이 유아기에 머물러 있다면 말이다. 비장애 10대 아이들에게서는 좀처럼 볼 수 없는 모습이다. 내가 학교에서 10대 아이들을 지도할 때처럼 할 필요가 없었는지도 모른다. 무언가 가르치고자 종종거리던 것이 무색했다.

나는 일단 그렇게 지속하기로 마음먹었다. 기능적으로나 인지적으로 발달을 도와야겠다는 생각을 일단 내려놓자 아이들을 한 명 한 명 바라볼 수 있는 여유가 생기기 시작했다. 무언가 시켜야 할 대상으로서의 아이들이 아니라 스스로 무언가를 해내는 아이로서의 모습이 내 눈에 들어오기 시작한 것이다. 그것은 새로운 상황이었다.

처음부터
다시 배워야 한다

어린이집에서 아이들에게 미술을 가르치던 때 사실 나는 아이들의 활동을 지켜보는 것만으로도 나의 역할을 충분히 다하고 있다고 생각했다. 아이들은 막 성장하면서 무엇이든 처음으로 그려 내고 있는 시기에 있었기 때문에 그날그날 아이들의 그림에는 무수한 이야기들이 숨 쉬고 있었다. 그것들을 독려하고 북돋아 주는 일만으로도 나의 역할을 충분히 수행할 수 있었다. 아이들은 종이와 마주하며 자신의 열정을 쏟아 내는 것만으로도 한껏 즐거워하며 자신을 표현하고 있었다. 미술 활동은 그것으로 충분했다.

그런데 발달장애 아동들의 미술 활동에서 그와 비슷한 상황이 펼쳐졌다. 아주 사소해 보이는 행위와 표현일지라도 아이들은 무언가를 했다. 그리고 그것만으로도 즐거워했다. 그냥 선을 마구 긋는 아이는 선을 마구 긋기만 하고, 군데군데 색칠만 하기도 하고, 붓으로 물감을 쿵쿵 찍기만 하더라도 그것을 계속했다. 무엇인가 그려 낼 것을 그리고 그것에 몰입하는 모습을 보였다. 그 모습을 지켜보는 것만으로도 나는 내 역할을 하고 있는 것이었다. 어쨌든 미술 활동이 지속되고 있으니 말이다.

그러면서 나는 안정감을 가지기 시작했다. 가르쳐야 한다는 위치에서 벗어나자 점차 그 일원으로 그저 아이들과 함께하는 사람으로 여겨졌다. 그러면서 학교의 미술 시간과는 다른 편안함과 즐거움을 느꼈다. 아이들이 활동하게 하려고 매번 고심하고 수업을 기획하여 아이들을 만나야 하는 학교 미술 수업에서는 결코 기대할 수 없는 일이었다. 그리하여 발달장애 아동들과 함께하는 미술 활동도 계속될 수 있었다.

내가 미술 활동을 하는 이유를 처음부터 다시 돌아보아야 했다. 생각해 보면 인지발달을 자극하거나 어떤 기능을 촉진시키는 일에 대한 목적 이전에 미술은 그 이상의 고유한 가치가 있었다. 미술은 무엇을 잘하고 못하고를 떠나 감각적으로 느끼고 향유하는 미적인 활동이다. 그러니까 내가 미술 활동을 시작한 이유는 한편으로 아이들이 그런 미술을 만나고 즐길 수 있게 되기를 바라던 것이었다. 그것을 위해서 나는 아이들이 무언가를 할 수 있게 해야 한다고 생각했다. 그러던 내가 아무것도 하지 않자 오히려 아이들은 미술을 즐기기 시작했던 것이다.

나는 여기에서 무언가 다시 배워야 한다는 생각이 들었다. 내가 무언가를 하려고 하기보다는 아이들을 관찰하면서 거기에서 다시 시작하는 것이 더 중요하다고 느꼈다. 내가 매우 무지했던 것을 인정하고 다시 처음부터 배워야겠다고 생각했다. 장애 아동을 가르치는 일 이전에 장애 아동에 대해 배워야 했다.

교만했던 셈이다. 장애 아동을 만날 때 나에겐 그들을 가르치고 이끌어야 한다는 성급함이 있었고 그것은 비장애인의 자만심 같은 것이었는지도 모른다. 나는 아는 사람이고 그들은 모르는 사람이라는 단정 같은 것이 앞서 있던 셈이다. 그러나 장애 앞에서 그들이 아닌 내가 오히려 무지했던 것이다.

할 수 있는 일이 없어도
함께하는 일

　　장애 앞에서 나는 아무것도 모르는 상태였다는 것을 깨달았다. 아무것도 모른다는 것을 전제로 다시 시작해야 했다. 그렇다면 내가 할 수 있는 일은 지켜보고 관찰하며 그들을 제대로 이해하는 일이었다. 그래야 무엇이든 다시 시작할 수 있을 테니 말이다. 그것은 새로운 시작이었다.

　　내가 이런 깨달음을 얻은 것은 참으로 다행스러운 일이었다. 어쩌면 그것은 행운일지도 모른다. 내가 하고자 하는 것을 발달장애 아동들이 해내지 못하는 것에 좌절하고, 내가 그들을 위해서 아무것도 해낼 수 없다고 여기게 되거나, 그 아이들은 더 이상 뭔가를 할 수 없는 아이들이라고 단정 지어 버리고 포기했다면 어찌 되었을까. 생각할수록 눈앞이 아득해진다.

　　내가 포기하지 않았던 것은 내가 결코 진우를 포기할 수 없기 때문이었을 것이다. 진우 친구들과의 미술 활동을 포기하고 그만둔다는 것은 결국 내가 진우를 포기하는 마음과 같은 것이다. 내가 진우를 위해서 더 이상 할 수 있는 일이 별로 없다고 생각하게 된다면, 그리하여 진우는 더 이상 어찌할 수 없는 아이라고 여기게 된다면 나의 삶에서 진우를 내려놓는다는 뜻이 되는 셈이다. 그것은 나 스스로도 감당할 수 없는 생각이다. 진우가 그만큼 나의 삶에서 빼려야 뺄 수 없는 존재가 된 것이다. 그리고 그것은 내 삶의 성공과 진우와 함께하는 삶의 성공이 결코 다르지 않다는 뜻이었다. 나는 결코 자포자기할 수가 없었다.

별로 할 수 있는 일이 없더라도 포기하는 마음을 품는 것과는 전혀 다른 일이다. 뭘 할 수 없는 상황이더라도 가만히 지켜만 보는 상황이더라도 스스로 포기하는 마음을 품는 것은 전혀 다른 차원의 이야기이다. 포기를 하는 순간 그것은 더 이상 아무런 의미를 갖지 못하면서 그것을 유지할 이유도 함께 사라지게 되는 것이다. 그러는 순간 진우는 나에게 아무 의미도 없는 존재로 전락해 버릴 것이다. 그와 동시에 나 자신 또한 아무 의미 없는 존재가 되어 버리는 것과 같다. 나는 결코 그것을 용납할 수 없었다. 내가 미술 활동을 스스로 중단할 수 없었던 이유이다.

할 수 있는 일이 별로 없어도 함께하는 일만큼은 계속할 수 있었다. 그저 하루하루 할 수 있는 범위에서라도 함께할 수 있었다. 그래서 아이들을 포기하지 않으면서도 지켜볼 수 있는 위치에 나를 놓고 기다릴 수 있는 시간이 되었는지도 모른다. 그 시간은 나에게 매우 소중한 시간이 되었고 새로운 희망을 발견하는 기회를 가져다주었다.

앞날이 안 보이는
절망에 지쳐 갈 때

언젠가 나는 깊은 절망감에 빠졌던 적이 있다. 진우의 행동을 개선하여 세상에 적응할 수 있게 할 수 없다고 느끼자, 내가 세상을 떠나도 진우가 혼자 살아갈 수 있는 경제적 여건을 마련하는 것이 내가 해야 할 최선의 일이라고 생각한 적이 있다. 이런저런 훈련을 시켜 보려 무척 애를 썼지만 진우가 변하지 않는다는 것을 알았을 때 내가 할 수 있는 것은 그것밖에 없다고 생각했다. 그것은 이미 절망이었다.

양치, 세수, 머리 감기 등은 그만두고 여전히 용변 처리도 잘 못하고… 옷의 앞뒤를 구분하고 단추를 채워 옷을 입는 일도 안 되고… 좌우 구분하여 신을 신거나 신발 끈을 매는 것도 안 되며… 스스로 밥을 챙겨 먹는 일은 그만두고 하나부터 열까지 다른 사람의 도움 없이는 기본 생활 자체가 어려우니 말이다. 게다가 자신의 몸 상태를 스스로 관리하지 못하니 진우는 갑자기 아플 때가 많았다. 어디가 어떻게 아픈지 얼마나 아픈지 가늠하기도 어려웠다. 아픈 부위나 정도를 구분하여 인지하는 일이 잘 되지 않았다. 아플 만한 이유도 파악하기 어려웠다. 그래서 무작정 병원에 가야 하는 경우가 많았다.

진우가 더 나아지지 않을 것이라 생각하니 눈앞이 아득해졌다. 끝까지 진우를 데리고 산다고 하더라도 우리 부부가 세상을 떠나고 난 후엔 어떻게 될까 생각하면 막막한 마음을 가눌 수가 없었다.

다른 것 다 집어치우고 내가 돈을 많이 벌어야 한다는 생각이 문득 들었다. 진우 앞으로 돈을 충분히 마련하여 남겨 둔다면 그것으로 누군가 진우를 돌보지 않을까 생각했다. 되지도 않을 일, 당장 진우를 보살피는 데 급급하지 말고 돈을 버는 데 집중해야 할 것 같았다. 그런데 학교 선생을 하는 주제에 어디서 무슨 돈을 더 벌 수 있을까. 별 생각이 다 들었다. 부동산 투기라도 해야 할까, 아니면 주식을 해야 할까, 무언가 다른 투기를 해야 할까. 그러나 나는 그럴 만한 여윳돈도 없었다. 그저 하루하루 사는 데 급급한 정도였다. 별로 답이 없었다. 그저 안 쓰고 저축한다면 어떨까 생각해 봤지만 그래 봐야 몇 푼이나 될까 싶었다. 결국 그런 생각들은 생각으로만 끝나고 말았다. 그 무엇 하나 새롭게 시도해 볼 여력도 힘도 없었다. 내가 할 수 있는 일이 별로 없다는 결론만 났다.

내 자신이 한없이 무능하고 무기력하게 느껴졌다. 살면서 스스로 그렇게 비참하게 느껴진 일이 없었던 것 같다. 나는 그동안 뭘 하고 살았나 싶기도 했다. 그런데 그러면 그럴수록 진우로부터 내 마음도 소원해지는 것 같았다. 해도 안 된다면 뭐하러 그렇게 진우에게 집중할까 하는 생각마저 드는 것이다. 한동안 진우를 잊고 지내는 상태가 되기도 했다. 앞날이 보이지 않는 상황에서 나는 지쳐 가고 있던 모양이다. 점점 마음이 메말라 가는 느낌이 들었다. 그리고 그렇게 세월이 흐르고 흘러간다면 나에게는 메마르고 무기력해지는 삶만 남겠다는 생각이 들었다.

미래에 대한 걱정은
내려놓기로

결국 나는 그 모든 생각을 한꺼번에 내려놓을 수밖에 없었다. 내가 할 수 있는 일이 그것밖에 없다는 결론이었다. 할 수 없는 것을 부여잡고 있는 한 나는 서서히 숨막혀 죽겠다는 생각밖에 안 들었다. 무엇보다도 돈을 벌어야 한다는 생각에 사로잡히는 것은 결국 진우를 내 마음속에서 내팽개치는 일의 다른 얼굴인 듯했다. 진우를 나의 삶에서 어찌할 수 없으니 돈으로 전치시켜 품으려는 것이란 생각이 들었다. 그만큼 내 마음이 메말라 가고 있구나 싶었다. 결국 진우와 함께하는 삶이 불행해지는 결과를 초래할 뿐이라는 결론에 이르렀다.

설령 어찌어찌하여 돈을 번다고 하더라도 만일 내가 그것만을 위해 산다면 결국 나는 나의 삶에서 진우를 방치할 수밖에 없을 것이다. 진우의 일상에서 나의 마음이 멀어질 테니 말이다. 생각해 보면 내가 세상을 떠난 후에는 진우를 더 이상 책임지려야 질 수 없는 셈이다. 큰돈을 남겨 놓고 떠난다고 하더라도 그 돈이 진우를 지켜 주리란 보장은 없다. 누군가 돈만 가로채면 그만이다. 진우가 스스로 그것을 지킬 힘이 없다면 말이다. 한편으로는 그런 생각이 나의 무능함을 합리화하려는 것일 수도 있다는 생각이 들었지만 그리 생각하는 것 말고는 달리 방법이 없었다.

생각이 여기에 이르자 그것은 진우의 문제라기보다는 나의 문제라는 걸 알았다. 나는 결국 언젠가 죽을 것이고 끝까지 진우와 함께할 수 없는 존재라는 사실을 받아들여야 한다. 나의 운명이 있고 진우의 운명이 있다. 그 사이에는 건널 수 없는 거리가 있다. 스스로 지킬 수 없는 진우를 생각하면 마음이 한없이 아프지만 그것은 그냥 그대로 받아들여야 하는 문제이다. 그것은 한계다. 누구나 죽을 것이고 누구나 그만큼만 책임질 수밖에 없다. 죽음 앞에서는 누구나 그렇듯이 말이다. 그만큼 누구나 애처롭고 슬픈 존재라고 할 수 있다.

그 어떤 것보다 중요한 사실은 현재 내 눈앞에 사랑하는 진우가 있다는 것이고 나와 함께해야 할 삶이 있다는 것이다. 생길지 안 생길지 모를 돈에 대한 생각 때문에, 더구나 내가 없는 세상을 준비하기 위해 진우와 함께하는 삶을 당장 포기할 수는 없다. 설령 돈이 없어 돈으로 할 수 있는 일이 별로 없다고 하더라도 그것보다 현재 진우와 함께하는 삶이 더 소중하다는 것을 다시 깨닫는 기회를 얻었다. 나에게 더 중요한 것이 무엇인지 분명히 알게 되었다.

　　　　미래 때문에 괴로워하지 말자고 마음먹기 시작했다. 어쩌면 그게 진우의 모습이었다. 진우는 오지 않은 미래를 걱정하거나 염려하지 않았다. 늘 그날그날 하고 싶은 것을 찾아 하며 그 즐거움을 누렸다. 그래서 하루하루가 신났다. 늘 웃었다. 내가 당장 할 수 있는 일은 그런 진우를 지원하고 지키는 일이다.

장애 아동을
교육의 대상으로만 본다면

내가 할 수 있는 일이 별로 없어도 한발 떨어져 지켜볼 여유를 가지게 되자 놀랍게도 아이들 한 명 한 명의 모습이 드러나 보이기 시작하였다. 그만큼 아이들은 모두 제각각 다른 특성을 가지고 있었다. 좋아하는 것도 다르고 행동 방식도 달랐다. 각자 나름대로 추구하는 것들이 있었다.

색에 흥미를 가지고 다양한 색을 사용하며 즐기는 아이가 있는가 하면 색에는 아무런 관심 없이 손에 잡히는 대로 칠하는 아이도 있고, 정해진 사물이나 형태에 이끌려 그것을 화면 가득히 채워 그려 내는 아이도 있었다. 해를 가득 그리거나 꽃을 가득 그리거나 자동차를 가득 그리거나 했다. 그림들은 각각 독특한 모양이나 형상을 하고 있었다. 그날그날 그리고 싶은 것들이 달라 다른 그림들을 그려 내는 아이도 있고, 테이프나 글루건과 같은 도구를 사용하여 입체적인 형상으로 만들어 내는 것을 즐기는 아이도 있었다.

반면 어떤 형상을 의도적으로 그려 내는 것에는 관심이 없어도 그리는 행위 자체에 빠져 몰입하는 아이도 있었다. 손을 흔들어 흔적을 남기는 데 즐거움을 느끼거나 어떤 특정한 도형을 반복하여 그리는 손동작에 몰입하기도 했다. 또는 화면 가득히 색을 채우는 행위에 몰입하기도 했다. 아이들에게는 그것만으로도 충분한 활동이 되었다.

물론 처음부터 일정한 방향성을 가지고 활동을 시작한 것은 아니었지만, 활동하는 기간이 길어질수록 점차 자기만의 특정한 방식을 사용하기 시작하는 모습을 볼 수 있었다. 그것은 매우 흥미로운 광경이었다. 나는 매시간 이번에는 아이들이 어떤 작업을 해낼까 기대하며 지켜볼 수 있게 되었다. 그렇게 점차 각자 개성 있는 작업을 해 나가는 상황이 펼쳐졌다.

그러니까 누군가 무엇을 시키거나 가르치는 것과 상관없이 각자 나름의 내적 욕구가 있고 그것을 표현할 기회가 보장되자 아이들은 자연스럽게 자기표현에 점차 몰입하게 된 것이다. 시키는 것은 못해도 자기가 하고 싶은 것이 있고 그것을 반복하는 일에 즐거움을 느낀다는 뜻이었다. 어쩌면 스스로 해낼 수 있는 것이 그것밖에 없어서 그것만 하는 것인지도 모른다. 어쨌든 그것은 스스로 해낼 수 있는 일이고 스스로 즐거움을 가질 수 있는 일인 것만큼은 분명했다.

그런 모습을 장애로 일어난 한계라고 보면 교정해야 할 행동이라고 여기게 되지만, 각자의 개성으로 보는 순간 각자 자기를 표현하는 행위로 볼 수 있게 된다. 실제로 아이들은 자기만의 개성으로 충분히 독특한 표현을 하고 있었다. 장애 아동을 교육의 대상으로 바라보던 나의 시각은 점차 변해 가고 있었다. 그것은 애초에 내가 가르치고자 했던 것으로 실현될 수 없는 세계로, 각자의 고유한 특성을 통해 발현되고 있었으니 말이다.

할 수 있는 것을 할 때
이뤄지는 일

　　　　장애 아동들과의 미술 활동이 지속되면서 그 속에는 점점 어떤 경지가 자리하기 시작했다. 각자 자기만의 표현 패턴이 형성되고 반복되면서 독특하고도 감각적인 매력이 발산됐다. 활동이 누적되면서 그것은 더욱 명확해졌다. 손의 움직임이 보이는 태도, 혹은 표현하고자 하는 욕구와 기질, 관심과 흥미의 차이에 따라 각자 일정한 표현의 패턴을 만들어 내고 있었다.

　　　　여기에서 내가 주목한 것은 그것이 무엇을 해내거나 못하는 것과는 아무런 상관이 없다는 사실이다. 아무리 기능적으로 떨어져 해낼 수 있는 것이 사소할지라도 그것은 그것대로 독특한 매력을 발산하고 있었다. 그리고 그 매력의 근원에는 자기만의 즐거움이 있었다. 미술 활동은 자기만의 독특한 충족의 세계가 있으며 그것이 실현되고 있다는 것을 입증하는 과정이었다. 그것은 작업을 할 때의 아이들 표정에서도 드러났다. 연신 즐거운 표정이거나 몰입의 지경을 드러냈다. 작업을 하는 동안에는 외부의 어떤 자극으로부터도 자유로운 가운데 몰입하고 있는 표정이 되었다. 그 모습은 나에게 경이로운 발견이었다. 문득 '아, 이런 게 미술 활동이었구나!' 하는 생각이 들었다.

내가 무언가 시켜서 하게 하려고 했던 것은 한 마디로 난센스였는지도 모른다. 할 수 없는 것을 하게 하려 할 때 답답해지고 힘들었던 것과는 다르게 스스로 무엇이든 하면서 그런 상황이 전개되기 시작했으니 말이다. 가만히 생각을 더듬어 보니 그것은 할 수 없는 것이 아니라 할 수 있는 것을 하는 가운데 이루어지는 일이었다. 할 수 있으니 몰입할 수 있고 자기만의 즐거움이 실현되는 셈이었다. 그러한 것들로 자신의 삶이 채워진다면 그야말로 충만한 삶이 아닐까. 그것은 이전에 내가 제대로 생각해 보지 못했던 것이다.

나 스스로도 예술을 한다고 했지만 잘하는 것이 정해져 있고 그것을 따라가야 한다는 생각에 사로잡히고는 했던 것 같다. 그래서 더 배워야 한다는 생각에 사로잡혔을 것이다. 우리는 대체로 그런 삶을 살고 있는 듯하다. 무엇이든 먼저 배워야 한다고 생각한다. 그림을 그릴 때도 그리는 기술을 먼저 연마해야 그림을 잘 그릴 수 있다고 믿는다. 그래서 끊임없이 배우려 하고 많은 사람들이 배우러 다닌다. 충분히 배워 잘할 수 있게 되면 스스로 할 수 있게 될 것이라고 여기는 듯하다. 그래서 끝내 배우기만 하다 마는 것이 아닐까 반문하게 된다. 제대로 배우기란 끝내 어려운 일이니 말이다.

그러나 발달장애인 작업자들이 그것은 정작 누군가로부터 배워서 이루어지는 것이 아니라 스스로 자기 즐거움과 욕구를 추구하면서 이루어진다는 것을 행동으로 보여 주고 있었다.

소중한 것들을
잃어 가고 있는 우리

내가 처음 발달장애 아동들과 미술 활동을 할 때에는 대략 2~3년 정도 하면 나의 역할이 끝날 거라고 생각했다. 그렇지만 활동은 중단되지 않았고 지금까지 어느덧 15년 가까이 지속하고 있다. 중도에 이런저런 이유로 그만둔 아이들도 있지만 몇몇은 정말 15년째 미술 활동을 하고 있다. 10대에 시작했던 아이들이 이제 20대 후반의 청년이 되었다. 이후 성인들도 참여하게 되면서 지금은 10대부터 50대 중반까지 모든 연령이 골고루 참여하는 지역의 발달장애인 문화 활동으로 자리 잡았다. 이렇게 미술 활동을 지속할 수 있었던 것은 발달장애인들이 가진 지속적인 에너지 때문이라고 할 수 있다. 먼저 배워야만 뭔가를 할 수 있는 사람들처럼 보였던 그들은 오히려 비장애인들이 하지 못하고 있는 일을 계속하고 있는 셈이다.

이것은 나의 인생에서도 커다란 전환점이 되었다. 내가 발달장애인의 삶에 적극적으로 뛰어든 출발점이 되었고 나의 생각과 관점에 커다란 변화를 가져왔으니 말이다. 결국 내가 발달장애 아동들과 미술 활동을 시작한 일은 너무도 값진 일이었다. 이제는 그것과 관련 없는 나의 삶을 상상할 수 없는 지경이 되었다. 내가 여태껏 지역에서 발달장애인 미술 활동의 동반자로서 역할을 하고 있는 이유이기도 하다. 이런 깨달음이라니 스스로도 놀라울 따름이다.

발달장애인들이 매우 하찮아 보이는 일에 몰입하고 그것을 지속할 수 있는 이유는 어쩌면 할 수 있는 일이 그것밖에 없기 때문이 아닐까. 할 수 있는 일이 별로 없다 보니 오히려 할 수 있는 몇 가지 일에 몰입하고 그것을 지속할 수 있는 것인지도 모른다. 무언가 못하는 상황이 가져온 반전이라 할 수 있다. 다른 한편으로 보면 더 잘할 수 있는 일과 못하는 일을 구분하여 비교할 힘이 없기 때문일지도 모른다. 더 잘하는 것과 비교하면서 기죽을 일이 없는 셈이다. 그래서 그런 것들과 아무런 상관없이 자신이 할 수 있는 일에 몰입할 수 있고 거기에서 성과를 내며 만족할 수 있는 것이다.

만일 자신이 하고 있는 일을 더 잘하는 것과 비교하여 사소하고 보잘 것 없게 느낀다면, 열등감에

짓눌려 정말 아무것도 할 수 없게 될지 모른다. 실제로 대부분의 비장애인들은 그로부터 자유롭지 못하다. 끊임없이 타인과 자신을 비교하며 열등감에 시달린다. 아니면 역으로 우월감에 사로잡히며 정작 자신이 좋아하고 즐거워하는 것이 무엇인지 알아챌 여유조차 없다. 잘할 수 있는 기준이 늘 자신의 밖인 타인의 시선 아래 놓여 있다 보니 자기 즐거움이 정작 어디에 있는지도 모를 뿐 아니라 그것을 발견한다 해도 온전히 향유하지 못한다. 그것이 허접하게 보일까 봐 노심초사하기 때문이다. 발달장애인들과 함께 미술 활동을 지속하면서 그런 비장애인들의 모습이 더욱 또렷이 보이기 시작했고 나는 비로소 깨달았다. 사실 그것은 그리 대단한 것도 아니라는 것을, 오히려 그것 때문에 정작 소중한 것을 잃어 가고 있다는 것을 말이다.

독립적인 성장과
뭐든 잘하게 되는 것

한동안은 발달장애 아동들과 미술 활동을 하면서 내가 그 아이들을 변화시킬 수 없다는 벽에 부딪혀 좌절하곤 했다. 별로 할 수 있는 것이 없는 아이들 앞에서 무너졌던 것이다. 그런데 할 수 없는 것과 무관하게 자신의 영역을 실현하며 살아갈 수 있는 삶이 있다는 것을 알았다. 한마디로 '잘하지 않아도 되는구나!'라는 깨달음을 얻은 것이다.

그것은 돌이켜 보면 참 아픈 일이다. 진우의 형들을 키울 때가 떠올랐다. 무엇이든 잘하게 하려고 시키며 애썼던 장면들이 떠올랐다. 못하는 것을 잘하게 만들기 위해서 끊임없이 다그치고 몰아세웠던 장면들 말이다. 내가 왜 그렇게 빡빡하게 굴었을까.

무서워서 화장실에 가지 못하는 아이를 억지로 혼자 가게 하고, 편식을 하지 않게 하려고 못 먹는 음식을 억지로 먹게 하고, 해야만 한다고 여기는 일들을 하게 하고, 하지 못하는 일을 해내게 하려고 무던

히도 애썼던 기억들이 아프게 떠올랐다. 끊임없이 과제를 체크하고 해낼 때까지 붙잡아 두고 했던 기억들이 떠올랐다. 엄청난 극성 아빠는 아니었지만 두려움에 떠는 아이의 눈빛을, 힘들어 애원하는 눈빛을 애써 외면했던 지난날들이 아프게 되돌아왔다. 물이 무서워 몸부림치던 진우의 모습이 오버랩되며 세심하지 못했던 나 자신에 대한 자책감이 몰려왔다.

    물론 아이들이 독립적으로 성장해 가는 것은 당연한 일이다. 점차 부모의 손을 떠나 모든 것을 스스로 해 나갈 수 있게 되는 것이 성장일 것이다. 그래서 때로는 단호하게 스스로 하도록 채근해야 하는 것은 맞다. 그렇지만 독립적으로 성장하는 것과 뭐든 잘하게 되는 것은 다른 차원이라는 것을 나는 구분하지 못했다. 잘하는 것과는 별개로 있는 그대로 존중받는 것이 오히려 더 독립적으로 성장하는 데 필요한 것일 텐데 말이다. 스스로를 있는 그대로 사랑하고 믿는 것이야말로 세상을 사는 데 든든한 기둥이 될 것이다. 어려운 점이 있으면 그것을 어루만져 가면서 이겨 낼 수 있는 힘을 기르도록 도왔어야 했다.

　　　　진우에게 장애가 있다는 것을 알게 된 이후부터 그만큼 큰아이들에게도 힘든 상황이었을 것이다. 엄마 아빠가 온통 진우를 키우는 일에 신경을 집중하는 상황이 되었으니 말이다. 진우가 한순간도 가만히 있지 못하여 한눈을 파는 사이에 사고를 내거나 다치기 때문에 늘 온 신경을 진우에게 집중할 수밖에 없기도 했다. 그래서 형들은 형인 만큼 알아서 하라고 다그치곤 했다. 동생은 장애가 있으니 보살펴 줘야 하지만 너희들은 그렇지 않으니 스스로 알아서 하라고 말하기 일쑤였다. 그러나 그저 어린아이였던 큰아이들도 부모의 섬세한 손길이 많이 필요했으리라. 그런데 그때는 거기까지 마음이 미치질 못했다. 형인 만큼 스스로 잘 해내야 한다는 의무감과 책임감만 요구했던 것 같다. 생각할수록 큰아이들에게 미안하다. 진우에게 주었던 나의 마음의 반의 반이라도 진우 형들에게도 주었더라면… 하고 말이다.

정상 값에 이르지 못하는
이에 대한 혐오

우리는 일정한 수준의 정상 값이라는 것을 정해 놓고 산다. 이것은 이래야 하고 저것은 저래야 하고, 이렇게 해야 잘하는 것이고, 저렇게 하면 안 되고 하는 등의 정해진 규칙 같은 것이 있다. 법으로 정해진 것은 아니지만 문화적으로 형성된 암묵적인 질서와 같은 것 말이다.

발달장애인들은 그러한 것들을 수행하는 데 매우 큰 어려움을 겪는다. 일단 무엇보다도 그렇게 해야 하는 이유에 대한 인식이 잘 안 되기에 그럴 수 있다. 사람들이 말하는 정상 값이라는 것에 대해 인지가 잘 안 되니 그것을 따르는 것도 힘들 수밖에 없다. 또한 인지력이 낮은 만큼 자신의 몸을 통제하는 힘이 약하다. 그리고 무엇보다도 인지에 장애가 있는 만큼 다른 사람의 시선을 의식하여 부끄러움을 느끼는 것도 잘 안 될 것이다. 진우는 성인이 되었지만 여전히 벌거벗은 몸에 대한 부끄러움이 없다. 마치 어린아이들이 그러하듯이 말이다. 다만 남들 앞에서는 몸을 보이면 안 된다는 반복적인 교육을 통해 그저 익힌 대로 몸을 보이지 않고 행동할 뿐이다. 그래서 발달장애인들은 남들이 보면 이상하게 볼 행동들을 쉽게 드러낸다. 오랜 교육과 훈련을 통해 자제하는 태도가 몸에 배일 수는 있지만 그것을 스스로 잘 감추지 못한다. 진우는 입을 헤 벌리고 계속 히죽거린다. 또한 끊임없이 중얼거리는 행동을 한다. 밥을 먹을 때도 심지어는 샤워를 하거나 양치를 할 때도 중얼거린다. 다른 사람이 하는 말을 따라 하는 행동도 한다.

  나도 그런 행동을 받아들이기 쉽지는 않았다. 그것이 불편한 것을 넘어서 어쩐지 그런 행동에 불쾌감이 들었다. 입을 다물라고 다그치거나 면박을 주기 일쑤였다. 그러면 진우는 내가 보는 앞에서는 작게 중얼거리지만 내가 없으면 큰 소리로 중얼거렸다. 어쩌다가 진우가 길거리에 서서 큰 소리로 중얼거리고 있는 모습을 보면 얼굴이 화끈거렸다. 다른 사람의 말을 따라 할 때는 사람들이 불쾌해 할까 봐 조바심을 내기도 했다. 그러나 그런 행동이 교정되지는 않았다. 진우에게는 그게 쉽지 않은 일이다.

나는 미술 활동에서 그런 다른 아이들을 만날 수 있었다. 이상한 소리를 반복해서 내는 아이, 캑캑거리는 소리를 내는 아이, 손 흔드는 동작을 수시로 반복하는 아이, 히죽히죽 웃는 아이, 같은 질문을 하고 또 하는 아이, 각자 나름의 이상해 보이는 행동들이 있었다. 진우만 그런 것이 아니었다. 진우만 그런 행동이 교정되지 않는 게 아니었다. 그러니까 장애의 특성인 셈이다. 내가 그것을 받아들이지 못했던 것은 진우의 장애에 대한 혐오감 때문이었는지도 모른다. 그것이 그냥 싫었던 것이다. 이를 깨닫는 순간 그런 나 자신이 그렇게 부끄러울 수가 없었다.

비로소 알게 된 것들   3

장애를
마주하며
사람을
다시
바라보다

진우의 거울

발달장애인만의
문제일까

한 명 한 명 개성이 도드라지는 발달장애인들을 보면서 나는 사람들이 그렇게 각각 다른 특징을 지닌다는 것에 유념해 본 적이 별로 없다는 사실을 알게 되었다. 학교에서 비장애 학생들을 만날 때에도 그런 것을 염두해 본 적이 별로 없던 것 같다. 설령 학생들이 그런 특징들을 보이더라도 그것은 내가 고려해야 할 사안들이 아니었다. 특별히 이상하게 보이거나, 해서는 안 되는 행동이 보이면 그렇지 하지 못하도록 주의를 줄 뿐이었다. 시키는 대로 잘 해내지 못하는 아이가 있다면 그것을 불성실한 것으로 치부할 뿐이었다. 일정한 정상 값이 있으니 누구나 그렇게 해야 하는 일로 여겼다. 안 되면 될 때까지 노력해서 고쳐야 하고 그렇지 못하면 무능하거나 게으른 것으로 여겼다.

그런 사고방식 안에서는 발달장애인의 모습이 유난히 이상하고 별스럽게 여겨질 수밖에 없고 아이들 사이에서 놀림감이 되는 것일 터이다. 그럼에도 발달장애인들은 이상해 보이는 자신의 모습을 감출 수 없다. 그래서 우리는 그런 사람도 있다는 것을 알게 되는 것이다.

   그런데 정상 값에 이르는 데 어려움을 느끼는 것이 단지 발달장애인만의 문제일까 하는 의문이 들기 시작했다. 어린 시절을 돌이켜 생각해 보면 그런 어려움에 시달리는 상황들을 쉽게 기억해 낼 수 있다. 내가 초등학교 저학년일 때 분명 발달장애인은 아니었지만 소변을 못 가려 기저귀를 차고 학교에 다니던 친구가 있었다. 아이들은 늘 그 친구를 놀리곤 했고 그 친구는 외톨이로 학교를 다녔다. 그런데 훗날 그 친구를 다시 만났을 때 어엿한 청년이 되어 있는 모습을 보고 깜짝 놀랐던 적이 있다. 우리는 어린 시절 그 친구의 그런 모습을 보고 왜 못 견디고 놀리며 따돌리곤 했을까. 나 또한 어린 시절을 돌이켜 보면 눈을 자꾸만 껌벅거린다든가, 말을 더듬는다든가 하는 틱 같은 행동을 했었고 그것 때문에 친구들의 놀림을 받았던 기억이 있다. 그것을 고치려 들면 들수록 더욱 그것에 사로잡히곤 해서 애를 먹었는데, 성장하면서 어느덧 그런 행동이 사라지거나 줄어들었다. 어쩌면 자연스러운 성장의 과정이었는지도 모른다. 물론 어떤 행동은 교정되지 못한 채 지속되기도 한다. 그렇지만 그냥 좀 이상한 행동이나 특징이라면 우리는 어쩌면 그것을 서로 인정하고 받아들이며 살아갈 수도 있는 일 아닐까.

최근에 장애에 대한 인식이 제고되면서, 그리고 인권의 측면에서 개인의 특성과 정체성에 대한 배려가 새롭게 제고되면서 그런 면들에 대한 사회적인 인식과 태도들은 많이 교정되어 온 상황이다. 나는 발달장애인들을 만나고나서부터 비로소 그런 문제를 정면으로 마주하게 되었다. 내가 문제라고 느낀 그것들은 결코 발달장애인만의 문제가 아니었다. 우리는 누구나 그럴 수 있으며 가까스로 그것을 숨기고 감추며 살고 있는지도 모른다.

유독 못하는
아이

학교에서도 보면 어떤 것을 유독 못하는 아이가 있다. 장애가 없어도 그렇다. 가만히 있지 못하는 아이도 있고, 또래 아이들이 대부분 해낼 수 있는 것을 못하는 아이도 있다. 다른 친구들과 어울리지 못하는 아이도 있다. 너무 소심하고 위축되어 자신의 능력을 제대로 발휘하지 못하는 아이도 있다. 상황과 분위기에 맞춰 행동하지 못하는 아이, 자꾸 딴짓을 하여 분위기를 해치는 아이, 과시적으로 행동하며 교사나 친구의 비위를 건드리는 아이, 공격적이어서 늘 말썽이 되는 아이도 있다. 혹은 손톱을 뜯는다든가 다리를 떤다든가 하는 이상행동을 하기도 한다.

그런데 그동안 그런 행동들을 스스로 해결하기 어려웠을 수도 있겠다는 생각은 별로 해 보지 않았던 것이다. 대부분 그냥 노력을 통해 해결해야 하는 문제로 여겼을 뿐이다. 그래서 노력하도록 독려하고 때로는 노력하지 않는 것을 비난하곤 했다. 고등학교에서 교사를 하던 때의 일인데 한 아이가 무척이나 산만

하여 수업에 지장을 초래하곤 했다. 한번은 그 아이를 혼냈는데 "그래요. 내가 나쁜 놈이에요. 그래서 어쩔 건데요!" 라고 소리 지르며 반항했던 일이 지금도 선연하다. "다음부터는 안 그러겠습니다." 하고 꾸벅 고개를 숙이는 대신 그렇게 항변하는 것이 참 당혹스러웠다.

그런 경우 대체로는 아이의 말대로 정말 나쁜 놈 취급을 받게 되는 것이 아주 당연했다. 잘못해 놓고 잘못했다고 하지 않고 오히려 대들었으니 태도가 나쁜 셈이다. 다른 경우 같으면 나 또한 아이의 나쁜 태도를 혼냈을 것이다. 그런데 아이가 스스로 자신을 '나쁜 놈'이라고 지칭하는 것이 마음에 걸렸다. 그래서 혼을 내기보다는 '나쁜 놈'이라서가 아니라 네가 하는 행동이 수업에 방해되어 그렇다고 다시 확인시켜 주는 것으로 마무리 지었다. 시간이 지나면서 그 아이를 다시 떠올리게 된 것은 아마도 그 아이가 수업 시간마다 매번 그런 식으로 행동해서 혼나곤 하지 않았을까 하는 생각이 들었기 때문이다. 늘 나쁜 놈 취급을 받았지만, 그때마다 스스로도 어찌할 수 없었던 것은 아닐까. 수업을 방해하려 한 것이 아니고 단지 산만한 행동이 멈춰지지 않았던 것은 아닐까. 그렇다면 그것은 혼나는 것으로는 해결되지 않는 셈이다. 혹 다른 지원이나 배려가 필요했던 것은 아니었을까 생각해 보게 되었다. 발달장애인의 이상행동을 만나면 그렇게 하듯이 말이다.

      돌이켜 보면 여러 가지 경우에 과하게 행동했던 일들이 떠오른다. 큰 소리로 떠벌릴 필요가 없었는데 나도 모르게 점점 목청이 커져서 다른 사람들이 불편해져 바라보던 눈빛을 새삼 깨닫고 목소리를 낮추게 되었던 기억이 있다. 다른 사람을 과하게 간섭하고 통제하려 행동했던 것도 떠올려 본다. 굳이 그렇게 화를 낼 일이 아니었는데 불쑥 과하게 화를 냈던 기억도 있다. 그러고 나서 되새기며 한없이 얼굴이 붉어지곤 했던 일 말이다. 우리의 행동은 그렇게 불쑥 이상하게 되기도 한다. 그것은 자신의 의지와 무관하게 벌어지는 일이다. 우리는 생각 이상으로 자신을 잘 통제하지 못한다. 세상은 그런 사람들이 모여서 함께 살아가고 있는 곳이다.

할 수 없는 것들을
숨기는 일

생각해 보면 누구나 못하는 것이 있다. 다른 사람들에게는 어려운 일이 아니어도 자신에게만 유독 어려운 일이 있을 것이다. 예를 들면 나는 박자 감각이 아주 둔하다. 흔히 말하는 '박치'이다. 그래서 노래방에 가면 반주에 맞춰 노래하지 못한다. 어디서 시작하고 어디서 끝내야 하는지 도무지 감이 오지 않는다. 노래를 하다 보면 반주기는 반주기대로 노래는 노래대로 흘러가고 있다는 것을 깨닫곤 한다. 다른 사람들이 눈치를 채고 있는 것 같으면 얼굴이 벌개지고 더욱 더듬거리기 시작한다. 그것은 연습한다고 되는 일이 아닌 것 같았다. 나름 무척 노력해 보지만 감이 오질 않았다. 아주 어린아이들도 음악에 딱딱 맞춰 엉덩이를 흔들어 대는 것을 보면 그것은 감각적으로 이미 타고나는 것인 듯하다. 그런데 나는 그런 감각이 매우 둔한 것이다.

그만큼 나는 몸도 둔한 것 같다. 어린 시절에는 하도 잘 넘어져서 무릎이 성할 날이 없었다. 운동회에서 달리기를 하면 늘 꼴찌를 도맡던 것은 말할 것도 없다. 그것도 앞에 가는 아이와 반 바퀴는 떨어져 달렸다. 철봉이나 뜀틀 앞에서 부끄러움에 시달렸던 기억도 있다. 극복해 보려고 혼자 연습해 보기도 했지만 별로 진전은 없었다. 그런 나를 놀리는 친구나 어른들의 눈빛을 마주하는 일은 정말 곤욕이었다. 선생님도 위로해 주기보다는 왜 그렇게 못하냐는 핀잔을 주곤 했다. 나는 스스로가 못나 보였고 바보 같았다. 그래서 종종 꾀병을 부리거나 다른 일을 핑계로 체육 활동을 회피하려고 애썼다.

우리는 이런 것을 그저 자신의 한계로 인정하고 자연스럽게 행동하지 못한다. 그것을 부끄러워하여 움츠러들고 다른 사람 앞에서 그런 모습을 보이지 않으려고 애쓴다. 내가 노래방을 애써 피하는 이유 같은 것이다. 생각해 보면 그것은 나의 잘못이 아니다. 그저 한계인 것이다. 그렇지만 우리는 문화적으로 그런 것을 인정하는 일에 익숙하지 못하다. 무언가 노력하지 않은 잘못처럼 여기며 그것을 감추기에 급급하다.

진우와 진우의 친구들을 만나기 전에는 그런 일에 대해 진지하게 생각해 본 적이 없는 것 같다. 다만 노력해야 하는 일들로 여기고 열심히 하려 애쓰거나 감추거나 스스로 회피함으로써 해결해 왔던 것이 아닐까. 그렇지만 그런 모습을 적나라하게 드러내는 진우와 그 친구들을 보면서 오히려 내 모습을 돌이켜 볼 수 있게 되었다. 이제야 왜 그런 식으로 감추고 살아와야 했는지 되돌아볼 수 있었던 것이다. 그냥 이상하면 이상한 대로 드러내고 살았더라면 어땠을까. 어쩌면 진우와 그 친구들은 장애 때문에 다른 사람의 시선을 별로 의식하지 못하기에 오히려 그런 모습들을 있는 그대로 드러내는 것일지도 모른다. 그런 것을 참거나 숨기는 일을 할 수 없을 테니. 그렇게 보면 비장애인들은 오히려 그런 것들을 꼭꼭 숨기느라 속으로 병을 앓고 있는 것은 아닐까 생각하게 된다.

사람은
어떤 존재여야 할까

진우와 진우 친구들을 만나면서 나는 비로소 사람이란 존재가 무엇인지에 대한 질문과 마주하게 된 것 같다. 전에는 그저 사람은 그래야 한다는 어떤 기준점을 가지고 사람을 바라보지 않았나 싶다. 도달해야 할 어떤 표준값이 정해져 있고 언제나 그것을 향해 노력해야 하는 그런 존재 말이다. 거기에는 각자 다른 특성을 가진 개체로서 한 사람 한 사람의 존재가 없었던 것이 아닐까 문득 생각하게 되었다. 그래서 학교에서는 늘 일정한 학습목표를 두고 아이들은 그것을 수행해야 하는 대상으로 여기는 것이다. 학습 과제라는 보편적인 가치가 있다면 아이들은 그것에 준하여 행동해야 하는 존재가 된다. 잘한다고 여겨지는 보편적인 목표가 있고 그것을 따라야 하는 것이다. 그것을 할 수 있는 아이와 할 수 없는 아이로 나눠질 뿐이다. 그 이외의 모습은 사라지고 만다.

나 또한 그렇게 살아왔고 나의 자식들뿐 아니라 학생들에게도 그것을 요구해 왔다는 생각이 든다.

내가 예술을 하겠다고 했지만 그것 또한 무엇인가 훌륭한 예술이라는 기준이 있고 그것을 충족시켜야 하는 과업 같은 것으로 여겨 왔다는 생각이 들었다. 그래서 나는 끝내 그것에 도달하지 못하고 떠돌기만 한 것은 아니었을까. 거기에는 있는 그대로 살아 있는 한 사람 한 사람의 자리가 없었다. 내가 그렇게까지 답답하게 생각했는지는 모르겠지만, 각자 특별하게 행동하는 진우 친구들 앞에서 내가 무척이나 당혹스러웠던 것만큼은 분명하다. 그것은 낯설고 엉뚱하게 느껴졌다.

    그래서 발달장애인을 마주하는 순간 정상 값을 들이대고 그에 맞춰 행동하게 하려고 애썼던 것은 아닐까. 생각해 보면 비장애인들의 모습도 그런 정상 값으로 설명할 수 없는 측면들이 많다. 때로는 누군가 이해할 수 없는 행동을 하고 그래서 마음이 상하고 갈등이 생기고 다툼이 생긴다. 서로 소통이 어려운 어떤 심리적 혹은 행동적인 차이가 종종 발생한다. 우리는 그것을 가까스로 풀어내며 살아가지만, 스스로 행동이나 태도를 교정하기는 쉽지 않다. 다만 그것을 숨김으로써 아무런 문제가 없는 것처럼 갈등을 회피할 뿐이다. 그렇게 서로 간에 정상 값이라는 저울을 놓고 서로

서로 그 무게를 재어 가며 덜어 내거나 더하거나 하여 맞춰 가며 살아간다. 아이를 키우고 가르친다는 것은 그런 세상의 메커니즘을 배우고 익히게 하는 일인 셈이다.

그러나 그런 방식에 발달장애인들은 잘 적응하지 못하는 것 같다. 자신의 느낌과 정서를 일방적으로 재단하려 드는 것을 잘 받아들이지 못한다. 오히려 그것을 자기를 공격하는 폭력으로 느끼듯이 저항하기도 한다. 발달장애 아동이 폭력성을 드러낼 때 잘 관찰해 보면 스스로 공격당하고 있다고 느끼는 데서 비롯되는 경우가 많다.

못하는 것은
못하기

못하는 것은 못하기. 내가 진우와 진우 친구들을 만나면서 새롭게 배운 것이다. 그전에는 그리 생각해 본 적이 없다. 못하는 것을 끝내 잘하게 될 수 없다면 그것을 부끄러운 것으로 여겼다. 그래서 사람들은 못하는 것을 감추기에 급급하게 된 것이 아닐까. 자식들을 가능한 한 뭐든 잘하게 만들고 싶은 마음은 그런 이유 때문일 것이다. 내가 못했던 것을 내 아이는 잘하게 하고 싶다는 마음이 앞설 것이다. 나도 진우 형들을 그렇게 대했다. 그러나 진우는 더 이상 잘하게 만들 수 없는 아이였다. 진우는 남들이 다 해내는 것도 누군가에게는 잘되지 않을 수 있다는 것을 나에게 뼈저리게 가르쳐 주었다. 할 수 없는 것은 할 수 없었다. 그런데 그것은 어쩌면 진우 형들도 그랬는지 모른다. 어떤 부분에서는 말이다.

생각해 보면 할 수 없는 일들이 있다. 흔히 노력하지 않아서 그렇다고들 하지만 분명 노력해도 되지 않는 일들이 있다. 나는 한때 박자 감각을 개선해 보려 무척 애썼다. 대학 시절 동아리에 들어가 전통음악을 배운 적이 있다. 장구와 북, 꽹과리 등을 치며 가락을 익혔고 판소리나 민요를 배웠다. 잘 안 된다는 것을 알기에 더욱 노력하고 열심히 연습했다. 그런데 결국 '열심히'로만 끝났다. 가장 큰 문제는 나 스스로 흥이 나질 않는 것이었다. 물론 때로 흥을 느끼기도 했지만 그것이 지속되거나 고양되기는 쉽지 않았다. 남들을 따라 하다가 종종 박을 놓치면 바로 흥이 사라지곤 했다. 음악을 하는 이유는 즐기기 위해서인데 나 스스로 즐거움이 없으니 그것은 그저 하기 싫은 숙제를 해내야 하는 것 같은 기분이었다. 충분히 노력했지만 그것을 지속할 수 없었다. 어느 순간 그것은 나의 일이 아니라고 여기게 되었다.

미술 활동을 하는데 하루는 어떤 아이가 비장애 동생과 같이 왔다. 종종 형제들이 미술 활동에 같이 참여하곤 했다. 세월호 사건이 있을 때였는데, 그 아이의 동생이 종이에 노란 리본을 큼지막하게 그렸다. 그러자 진우 친구들이 눈을 반짝거리며 노란 크레파스를 집어 들었다. 그러나 잘 그려지질 않는 것이었다. 둥글게 선을 겹쳐 내는 것 자체가 안 되고 있었다. 어리둥절

해 하며 몇 번 시도하더니 "왜 안 되지, 왜 안 되지?" 라고 한다. 대부분 고등학생들이었음에도 불구하고 그것을 할 수 없을 것이라는 것이 명백해 보였다. 나는 아이들에게 "그거 안 해도 돼. 하지 마. 그건 동생만 하는 거야." 라고 말하며 다독여 주었다. 아이들은 언제 그랬냐는 듯이 각자 하던 활동으로 돌아갔다.

못하는 것은 못하는 것이다. 어쩌면 그것을 해야만 할 이유도 없다. 할 수 있는 것을 하며 즐겁게 살면 되는 일이다. 그런데 우리는 굳이 그것에 집착하고 그것을 해내려고 애쓴다. 그리고 무언가 해낸 사람에게는 성공 신화를 씌워 추켜세운다. 나는 그럴 필요가 없다는 것을 발달장애인을 통해 배웠다. 사람은 누구나 어딘가 부족하고 한계가 있다. 할 수 없는 일이 있다. 그것을 보완하기 위해 사람들은 함께 살아가는 것이다. 오히려 각자의 한계를 서로 돕고 보완하며 살아가는 법을 배우는 것이 교육일 것이다.

발달장애인에게
'성공' 이란

간혹 누군가는 발달장애가 있음에도 화가로, 음악가로, 혹은 달리기 선수로 성공한 사례를 들며 장애를 극복한 신화를 만들어 배포한다. 흔히 성공한 누군가에 대해 그러하듯이 말이다. 그리고 그런 일을 그 사람의 피나는 노력으로 추켜세우며 누구나 따라야 할 본처럼 말한다. 그러나 그것은 난센스라 할 수 있다. 발달장애인임에도 불구하고 누군가는 의지력이 높아서 더 열심히 했다면 그것은 그 사람이 '발달장애인임에도 불구하고'가 아니라 그 사람이 가진 독특한 특성과 특별한 능력 때문이라는 것을 알아야 한다.

진우가 자동차 번호와 휴대폰 번호를 다 외우는 것이 특별한 노력 때문이 아니듯이 말이다. 그것은 진우가 가진 독특한 능력과 특성이다. 진우에게 아무리 덧셈 뺄셈을 해야 한다고 가르쳐도 진우가 그것을 해낼 수 없는 것과 마찬가지로 말이다. 덧셈 뺄셈이 무엇인지 알지 못하기에 하고자 하는 열정이 일어나지도 않을 것이며 그만큼 아무리 노력해도 되지 않을 것이다. 종종 사회적으로 주목받는 성과를 낸 발달장애인의 사례를 가지고 장애를 극복한 사례라고 말할 수는 없다. 그것은 그 사람만이 가진 특성 때문이고 그 사람은 그 특성이 잘 발현될 기회를 가졌을 뿐이다. 그런 것을 누구에게나 요구한다면 그것은 즐거움이 아니라 고통스러운 일이 될 수밖에 없다.

   대부분 성공이라는 것은 그것이 사회적 기준과 요구에 부합하는 어떠한 목표와 관련된 것이다. 그만큼 그것은 사회적인 일이며 다른 사람들 사이에서 인정을 받는 메커니즘과 관련 있다. 그런 성공을 성취하는 사람이란 그런 사람들의 시선에 부합하고자 하는 욕구를 가지고 있고, 그것을 지속할 수 있는 능력 또한 가져야 성취할 수 있는 셈이다. 그것은 사람들에게 추앙받는 일이고 그 질서 안에 자신의 위치를 세워 그것을 유지하는 일이다. 그만큼 자신을 단련하고 통제해 내야 할 일이다. 분명 무척이나 어려운 일이지만 그 지위를 할 수 있는 사람만 하면 될 일이다. 하기 싫다면 하지 않는 것이 맞다. 삶은 다른 사람을 위한 것이 아니라 자신을 위한 것이니 말이다. 대부분의 사람들에게는 그런 것이 그리 의미 있는 일이 아닐 수도 있다.

그러니 발달장애인에게 있어서 그런 '성공'이 무엇을 뜻하는지 생각해 볼 지점은 너무 많다. 거기에는 발달장애인 당사자의 즐거움과 만족을 넘어선 비장애인 사회가 가진 틀과 조건이 있는 셈이다. 그런 조건을 형성하고 추구하는 일은 비장애인들 세계의 관심과 욕구 속에 자리할 뿐이다. 발달장애인 당사자의 삶과 만족과는 큰 거리가 있는 측면이다.

그것은 비장애인들이 발달장애인들의 삶을 특수하게 바라보는 방식일 것이다. 그러나 생각해 보면 비단 발달장애인에게 국한되는 이야기가 아니다. 성공 신화란 사람들이 특정한 사람에게 왕관을 씌워주고 추앙하는 일정한 문화적 방식일 뿐이다. 그래서 누구는 추앙을 받고 싶고 그 왕관을 쓰고 싶을 것이다. 그러나 그것이 모든 사람의 일이어야 할 필요는 없다.

즐거움을 쫓는 일과
사회적으로 성공하는 일

「세상에 이런 일이」라는 TV 프로를 보면 보통 사람은 하기 어려운 정말 진기한 일에 빠져 사는 사람들이 있다. 손으로 도저히 만들 수 없을 것 같은 것을 만들어서 집 안 가득히 채워 놓고 사는 사람도 있다. 죽을 때까지 그렇게 살 것이라고 덧붙이기까지 한다.

어떤 발달장애인은 하루 종일 엄청 꼼꼼하고 세밀하게 그림을 그려 내기도 한다. 그렇게 그린 그림들이 쌓여 결국 보관할 곳이 없어서 정기적으로 내다 버린다고 한다. 지도나 로봇, 사람 혹은 동물, 자동차, 잠수함 같은 자신이 좋아하는 대상을 커다란 종이에 깨알 같이 가득 채워 그려 낸 것을 보면 말문이 막힐 지경이다. 그것은 장애와 비장애를 떠나서 그 누구도 하기 힘든 일이다. 그렇지만 그분은 그것에 몰입할 때 즐거운 것이다. 누가 보아 주기 때문이 아니라 자기 즐거움 때문에 그렇게 그림을 그리며 지낸다. 그것만으로도 그분에게는 이미 충분할 수 있다. 즐거운 삶을 살아가는 과정으로서 말이다. 물론 그 그림들이 사람들의 주목을 받아 상품이 되어 팔리기라도 한다면 경제적으로도 보탬이 될 것이다. 그렇지만 발달장애인이 자기 힘으로 그런 것을 성취하기는 쉽지 않다. 그리기가 좋아서 그것에 몰입하는 일과 그것을 상품으로 유통시키는 일은 전혀 별개이기 때문이다. 아마도 그런 일을 스스로 해낼 수 있는 발달장애인은 거의 없을 것이다.

대부분의 발달장애인들 상황이 그렇다. 결국 사회적으로 성공한 발달장애인의 사례는 발달장애인 개인의 능력이 아니라 그가 그런 관계의 자리에 설 수 있도록 돕는 지원이 있기에 가능한 일이다. 대개 부모나 가족의 지원 속에서 이루어진 성공일 것이다. 만약 지원이 사라진다면 그런 성공은 물거품처럼 사라질 가능성이 크다. 결국 발달장애인은 자신의 즐거움을 추구하는 데 장애가 있는 것이 아니라 그것을 사회적으로 실현시키는 데 장애가 있는 셈이다.

발달장애인이 사회적 성공을 실현시키지 못한다 해도 자신의 즐거움을 지속하면서 살아갈 수는 있다. 나의 작업실에서 10년 넘게 미술 활동을 하고 있는 발달장애인들처럼 말이다. 누군가의 지속적인 지원이 있다면 사회적인 성공과 상관없이 그것을 즐기며 살 수 있다. 그리고 그것만으로도 충분할지 모른다. 어느 지점에서 발달장애인에게 사회적 지원이 필요한지 보여 주는 대목이다.

생각해 보면 이것은 결국 비장애인들에게도 마찬가지의 일이다. 자신의 즐거움을 추구하며 살아가기 위해서는 그것을 지속할 수 있는 사회적인 조건을 만들어야만 한다. 무엇보다도 그것을 지속할 수 있는 경제적인 여건을 마련해야 하며 스스로 그것을 해내야 한다는 과업이 주어져야 한다. 그게 제대로 이루어지지 않는다면 즐거운 일과는 아무 상관없이 좌절할 수도 있다. 이러한 사회적인 지원은 장애인이 아닌 비장애인에게도 필요할 수 있다. 우리는 그런 식으로 더불어 살아간다. 발달장애인은 지원이 필수적이라는 점이 다르다면 다르다고 할 수 있다.

발달장애인은
절망하지 않는다

지역의 장애인의 날 행사에서 한 정치인이 발달장애인 청중에게 "여러분, 절망하지 말고 용기를 내세요."라고 말하는 것을 들은 적이 있다. 아마도 장애로 인한 여러 가지 한계로 장애인들이 고통받고 있다고 생각하여 용기를 주려고 한 말인 것 같다. 그러나 그 또한 난센스에 가깝다. 실제로 발달장애인들은 그렇게 절망하거나 힘들어 하지 않는다. 이를 설명할 적절한 말을 찾기는 쉽지 않은데, 그것은 아마도 우리가 하늘을 날지 못해도 그것 때문에 힘들어 하지 않는 이치와 비슷하다고 할까. 쉽게 말해 '그냥 그런 것'이지 힘든 게 아니다.

진우는 양치를 못하지만 그것 때문에 스스로 괴로워하지 않는다. 그러니까 진우는 그냥 칫솔을 몇 번 움직이고는 양치를 끝낼 수 있다. 만일 잘 안 되는 것 자체를 괴롭게 느낀다면 잘해 보려고 애쓸 것이다. 안 되는 것에 마음이 쓰인다면 말이다. 그렇다면 결국 양치를 잘하게 되거나 아니면 그것 때문에 낙담하여 스스로 위축되거나 할 것이다. 그런데 진우는 아무렇지도 않다. 그것 때문에 우울하거나 괴로워하지 않는다. 양치를 잘 못한다고 핀잔하는 아빠 때문에 괴롭고 불편할 뿐이다. 그저 자신이 할 수 있는 것을 하며 하루하루가 즐겁다. 물론 그대로 둔다면 이가 다 상하여 치료를 받아야 할 것이다. 치료를 받는 일은 고통스럽겠지만 그것 때문에 미리부터 걱정하고 고민하지 않는다. 그것은 당장의 현실이 아니다. 현재의 즐거움을 쫓을 뿐 오지도 않은 미래 때문에 걱정하지 않는 것이다. 아마 미술 활동을 할 수 있는 여건이 안 되어서 못하게 되더라도 그럴 것이다. 그것은 그냥 할 수 없게 된 것이기에 그냥 그런 채로 살게 될 것이다. 또 아무렇지 않게 살게 될 것이다. 되지 않는 것은 현실이 아닌 셈이다. 재미있는 일이 한 가지 줄어드는 셈이랄까.

결국 그것을 위해 준비하고 노력해야 하는 몫은 모두 아빠 엄마의 일이다. 진우의 치아 관리를 위해서 진우의 아빠나 엄마가 애를 써야 하기에 엄마 아빠가 힘들 뿐이다. 미술 활동의 기회를 주기 위해 작업장을 마련하고 사회적 지원을 이끌어 내야 한다. 사랑받기 위해 태어난 사람이라는 노래가 있다. 진우가 딱 그런 사람이다. 엄마 아빠가 진우의 일상을 하나하나 관리하고 지원하고 있으니 일상이 그렇다. 진우가 해야만 하는 것을 챙기는 것은 우리 부부의 몫이다. 진우는 하고 싶은 것을 할 뿐이다. 장애인들에게 절망하지 말고 용기를 내라고 말한 정치인은 그 말을 발달장애인들이 아니라 그의 부모나 활동을 지원하는 사람들에게 했어야 한다.

그것이 어쩌면 발달장애인과 비장애인의 차이인지도 모르겠다. 발달장애인은 당장 자신의 즐거움을 추구하지만 그것을 지속하기 위해 어떤 조건을 만들어야 하는지 모르기 때문에 사회적 지원을 통해서만 그것을 실현할 수 있는 셈이다. 그래서 그만큼의 한계 안에서 살아가게 되는지도 모른다. 한계가 있다 해도 그 범위 안에서 즐거움을 추구하면서 말이다.

목표를 향한 노력으로
빽빽해지는 삶

가끔씩은 나도 진우처럼 살면 어떨까 생각한다. 그러나 아무리 생각해도 그것은 불가능한 일이다. 양치를 제대로 하지 않으면 당장 불편할 뿐더러 이가 상할까 걱정되어 그렇게 살 수는 없을 것 같다. 미술 활동을 지속하기 위해서는 작업실과 작업을 하기 위한 환경 등의 조건이 필요하며 무엇보다도 생활이 안정되어야 한다. 그래서 반드시 경제활동을 해야 한다는 것을 나는 잘 알고 있다. 그 성과가 사회적으로 실현되도록 노력해야 한다는 것도 안다. 어쨌든 모든 일을 미리 대비하거나 준비해야 한다고 생각하며, 또한 그것을 지속하기 위해서는 뒷마무리를 잘해야 한다는 것을 안다. 결국 나의 생활을 그런 잡다한 일상으로 빼곡히 채운다. 결국 그게 사는 일이다. 진우라면 생각하지도 엄두를 내 보지도 못할 어려운 일이겠지만, 뒤집어 생각해 보면 내가 진우처럼 살 수 없는 이유이기도 하다. 그 지점에서 나와 진우 사이에 건널 수 없는 거리가 있다.

나는 무슨 일을 하려면 목적과 성과를 따지고

얼마나 쓸모가 있는지 손해는 없는지를 따져 본다. 삶의 이유와 의미를 따지며 어떤 것이 더 의미 있고 가치 있는지 따진다. 때로는 불편하고 힘들더라도 참고 견딘다. 참고 견딤으로써 얻는 것의 가치가 크다고 여기기 때문이다. 의미가 없다고 느껴지는 일로 시간을 허투루 보내지 않으려고 한다. 그래서 늘 노력하며 열심히 산다. 당연히 아이들도 그렇게 가르쳤을 터이다. 매사 자신을 관리하며 목표에 알맞게 살아가는 태도를 길러 주려 애썼다. 그렇게 하지 않으면 사회에서 낙오할 수 있으며 자신의 삶을 제대로 이룰 수 없게 된다며 말이다. 그래서 당장은 힘들더라도 참고 견디며 공부하고 노력하라고 채근했다.

경제적으로 안정된 직업을 구하는 능력, 절약하고 저축하면서 삶을 유지할 수 있는 능력, 타인과의 관계를 이루고 유지할 수 있는 능력, 목표를 세워 성실히 수행할 수 있는 태도 등 배울 게 참 많다. 그런 것을 가르치는 일은 어쩌면 부모로서 당연한 일이며 책무이기도 하다. 아이를 있는 그대로 방치하고 제멋대로 크게 할 수는 없는 일이다. 질서를 지키며 알맞게 사는 태도를 길러 주어야 한다. 목표를 세우고 실천하는 삶을 형성해 나가게 해야 한다. 그것의 가치를 평가할 수 있는 능력을 갖도록 해야 한다. 그러나 잘 생각해 보면 그러한 목표와 이유로 삶이 점점 빽빽하게 채워지기만 하면 어떻게 될까.

이것이 내가 진우의 삶을 통해서 반추해 보는 지점이다. 진우는 그런 능력이 없어서 스스로 자신의 삶을 유지해 내는 데 결정적인 한계를 가지고 있고 다른 사람의 도움을 받으며 살아가지만, 그렇다고 해서 자신의 삶이 즐겁지 않은 것은 아니다. 진우는 자신의 즐거움을 추구할 줄 알며 그것으로 하루하루 풍요롭게 살아가고 있다. 생각해 보면 보통 사람들은 어떠한 목표와 이유로 삶을 빽빽하게 채우느라 오히려 자신의 즐거움과 삶의 풍요로움을 잃어버리며 살아가고 있는지도 모른다.

틀에 가둬지지 않는
마음의 모양

 진우 또한 강한 사회적 욕구가 있다. 사회적인 관계에서 자신의 역할과 위치를 가지고 싶어 하고 그것을 얻는 데서 큰 성취감을 얻는다. 진우는 교회를 열심히 다니는데 교회는 진우에게 그것을 실현해 주는 훌륭한 기관이다. 교회가 가진 포용력으로 인하여 교회 공동체의 일원으로 인정받는다는 것에 커다란 만족감을 가지는 것 같다. 진우는 고등학생 때 세례교인이 되었다. 누가 시키지도 않았는데 자청한 것이다. 교회를 다니며 세례교인이 되는 과정을 보았고 그것이 가지는 소속감의 성취를 지켜본 모양이었다. 성경 내용은 알지 못하지만 세례 공부에 열심히 참여하였고 그 과정을 따라 해냈다. 진우는 교회에 열심히 다닐 뿐 아니라 무엇이든 역할을 해내려고 한다. 시키지도 않았는데 주보를 나눠 주는 일에 참여하거나 방송실에 가서 알짱거리기도 한다. 그다지 쓸모 있는 역할을 하는 것은 아니지만 그런 자신이 허용되는 것을 즐긴다.

 사회에서 제공하는 일자리를 갖고 싶어 한다.

경제적인 이유도 있지만 사회적인 소속감에서 성취감을 얻기 때문이다. 세상 속에서 자신의 지위와 역할이 있다는 것에 자부심을 느끼는 것 같다. 그렇지만 수행해야 하는 일로 들어가면 쉽지 않은 상황이 된다. 일에는 목표가 있고 그 목표로 하는 과업을 정확하게 수행해야 하기 때문이다. 진우는 바로 그 일이 가진 목적에 따라 자신을 통제하고 일에 집중하는 데 큰 어려움이 있다. 한때 장애인복지관 로비에서 사람들을 맞이하는 일자리를 얻었지만 끊임없이 자리를 이탈하여 결국 하지 못하게 된 적이 있다. 청소 업무도 해 보았지만 그것도 쉽지 않았다. 그것은 보통 사람들이 흔히 지적당하는 소명 의식이 부족하다든가 불성실하다든가 하는 것과는 다른 이유 때문이다.

자신이 하는 일의 목적을 지속적으로 인지하는 힘이 약하기 때문이다. 눈앞의 다른 즐거움에 정신이 팔리는 순간 자신이 무엇을 해야 하는지 잊는 것이다. 지금 하고 있는 일의 중대성과 새롭게 이끌리게 된 즐거움의 가치를 서로 비교하여 평가할 수 없다. 그래서 문득 하던 일을 잊고 다른 일에 이끌려 흘러가게 된다. 자기 눈을 사로잡는 일이 있다면, 더 즐거운 일이 있다면 자신이 지금 무엇을 해야만 하는지 까맣게 잊어버리는 것이다. 결국 벌점이 점점 쌓이고 직무를 더 이상 수행할 수 없는 상태가 된다. 그러니 더욱 책임감 있게 해야 할 일들을 수행하기는 어려운 셈이다.

    진우는 그렇게 목적과 과업에 통제되지 않는 모양의 마음을 가지고 있다. 우리의 마음이 일정한 질서와 과업에 의해 빼곡하게 구획되어 있는 것과는 다르다. 때문에 진우는 현재 눈앞에 보이는 것에 이끌려 그것의 즐거움에 한없이 빠져들 수 있다. 샤워를 하다가 물놀이에 빠져 하염없이 시간을 보내기도 하고, 옷을 갈아입다 말고 다리 한쪽만 옷에 끼운 상태에서 휴대폰에 빠져 시간 가는 줄 모르고 앉아 있기도 한다. 그만큼 틀에 가둬지지 않은 마음 상태로 자신만의 즐거움에 흠뻑 빠질 수 있는 게 아닐까. 어쩌면 나는 진우가 느끼는 그런 즐거움을 더 이상 느끼지 못하게 되었는지도 모른다. 어떤 즐거움 앞에서도 늘 그 조건과 이유를 염두하며 그 한계 안에 머물게 되니 말이다.

끌리는 곳으로
정처 없이 흐르는 마음

진우가 하는 말을 들어 보면 진우의 마음이 얼마나 정처 없는지 잘 알 수 있다. 진우가 고등학생일 때쯤이다. 진우가 진료 때문에 대전에 있는 충남대학병원을 다녀온 날이었다. 저녁을 먹고 양치를 하는데 문득 이렇게 말하기 시작했다.

"아빠! 오늘 충대에서 간판을 본 게 생각나. 커다란 간판을 봤는데, 수술실에 사람이 누워서 의사선생님이 수술하는 것을 봤어. 의사선생님이 사람들을 잘 고쳐 준다고 생각해. 의사선생님은 사람들을 잘 고쳐 줘. 그런데 우리 할아버지는 오래 살지 못했어. 할아버지하고 같이 요구르트 먹던 일이 생각나. 할아버지하고 방에서 요구르트 먹었어. 할아버지는 할아버지 방에서 주무시고 나는 엄마 아빠하고 함께 자고. 그런데 할아버지가 돌아가셔서 이제 나는 할아버지 방에서 자. 장롱하고 옷장하고 다 내 거야."

진우는 전체로 하나의 생각을 가지고 말을 시작하지 않았음을 알 수 있다. 실제 진우의 말을 들으면 그랬다. 진우는 양치를 하다가 문득 병원의 홍보 간판을 본 것을 떠올렸고, 그에 대해서 말하기 시작했다. 그런데 말하다 보니 병원에 입원했던 돌아가신 할아버지가 떠올랐고 할아버지하고 요구르트 먹었던 일이 떠오른 것이다. 다음에 할아버지가 돌아가시고 자기가 할아버지 방을 차지하게 된 것을 떠올려 이야기를 이어간 것이다. 애초에 이것은 하나의 이야기가 아니고 '병원→할아버지→요구르트→할아버지 방' 이렇게 생각이 꼬리를 물며 이어져 진우의 말도 그렇게 이어진 것이었다. 진우의 이야기는 종종 이렇게 끝도 없이 이어지곤 한다.

어린 시절에 읽었던 이야기 중에 이런 이야기가 있다. 한 농부가 기르던 소를 팔러 갔지만, 시장에서 소를 돼지로 바꾸고, 돼지를 또 거위로, 거위를 닭으로, 닭을 아내에게 줄 빗으로 바꿔 돌아오는 옛날이야기이다. 결말은 농부의 아내는 자기가 꼭 필요한 것을 사 왔다고 좋아했다는 내용이다. 사회적인 가치 기준으로 보면 어처구니없는 선택의 연속이지만, 자신의 즐거움을 기준으로 한다면 흥미로운 이야기가 될 수 있다. 진우의 행동을 보면 진우의 마음은 그런 식으로 자신이 끌리는 방향으로 계속 흐르고 있다는 것을 느낄 수 있다. 어쩌면 사람들은 마치 자신의 즐거움을 위해 살고 있는 것처럼 말하지만, 그 즐거움이라는 것도 사회적으로 통용되는 가치의 서열과 규칙 등에 얽매어 결국 자기의 참 즐거움을 포기하며 살고 있는지도 모른다.

한번은 진우가 친구 생일 모임에 갔는데 밥과 생일 케이크를 사 주고 노래방비까지 다 내어주고 돌아와 나와 좀 다툰 적이 있었다. 나는 진우가 혼자 그 많은 비용을 지불한 것을 두고 바보 같다고 나무랬지만 진우는 친구 생일에 선물한 건데 왜 그러냐고 극구 항변하였다. 진우는 그저 자신의 마음을 표현했던 것뿐이었다.

계산하는
마음이 없다면

생각해 보면 진우의 말이 다 맞다. 친구 생일을 축하하기 위해 자기 마음을 다 쓴 것이니 말이다. 어쩌면 나무랄 일도 아니다. 그렇지만 나는 걱정을 하는 것이다. 진우보다 조금 더 인지력이 있는 이들이 진우를 살살 달래서 그런 식으로 진우에게 돈을 쓰게 하며 이용할 수도 있기 때문이다. 발달장애인 일부가 그런 일을 겪는 것을 종종 보게 되니 걱정할 수밖에 없다. 나는 그런 계산부터 앞서 바로 진우를 나무랐지만 진우는 아무런 계산이 없으니 내가 나무라는 것을 이해하지 못했다. 진우는 그만큼 더 자유롭다고 할 수 있다.

계산을 하는 일은 자신의 자산과 가치를 지키며 세상을 살아가는 데 매우 중요한 능력이다. 진우가 자기 것을 지키고 보존하며 살아가지 못하는 것은 바로 그 계산이 안 되어 그럴 것이다. 그래서 아빠나 엄마가 대신 계산해 주고 그것을 지켜 주어야 한다. 반면에 사람들은 계산으로 인하여 그만큼 제한된 삶을 살 수밖에 없다. 무엇이든 하기 전에 그것이 손해가 되는지 이득이 되는지 먼저 따지게 된다. 그러다 보면 그만큼 행동의 제약을 받을 수밖에 없다. 자신의 즐거움이 충만해지는 일일지라도 그것이 손해가 된다고 생각하는 순간 포기하게 되고 중단하게 된다. 이해관계 앞에서 즐거움은 그만큼 쪼그라든다.

물론 이득을 얻는 일 자체가 즐거움일 수 있다. 대부분 사람들은 그런 즐거움을 쫓는다. 경제생활의 목적이 대부분 그럴 것이다. 그것은 발달장애인에게도 마찬가지이다. 자신에게 더 이득이 되는 일에 즐거움을 가지는 것은 너무도 당연한 일이다. 더 많은 이득을 얻고 싶을 것이다. 그러나 그것을 타인의 것과 비교하여 손해인지 이득인지 따지는 것은 또 다른 문제이다. 아무리 즐거운 일일지라도 그렇게 비교하여 내가 손해 본다고 생각하는 순간, 그 손해 때문에 즐거움이 사라져 버릴 수 있다. 반면 계산이 되지 않는다면 그러한 비교 값과 상관없이 자신이 느끼는 즐거움을 추구할 수 있을 것이다. 순수하게 자신의 즐거움 그 자체를 향해서 말이다. 진우는 계산이 안 되기 때문에 그런 삶이 가능하다.

그렇다면 나도 진우처럼 그런 삶을 살 수는 없을까 생각해 본다. 온전히 그러지는 못할지라도 다른 사람과 비교하여 계산하기 전에 나의 기쁨에 주목하고 그것을 온전히 느끼며 추구하는 방향의 삶 말이다. 내가 예술을 하겠다고 마음먹었던 것이 그런 일 아닐까 생각했다. 그것이 어떤 이득이 있는지를 떠나서 하고 싶은 것이고 추구하고 싶은 것이었으니 말이다. 그런데 예술을 하고자 하면서도 끊임없이 다른 사람과 비교하며 그 값을 매겨 보려 하는 태도에서 벗어나지 못하는 나 자신을 느끼곤 했고, 진우를 보면서 그런 나의 모습이 더욱 또렷하게 보였다.

비교하는 마음에서
벗어난다면

우리가 느끼는 부끄러움도 생각해 보면 상당 부분 그런 '계산'과 관련된 것이다. 다른 사람들과 비교하여 부족하다고 느끼는 순간 부끄러움을 느끼게 된다. 자기가 부족하게 느껴지는 순간 타인의 시선이 자기 안에 들어앉고 그로 인해 부끄러움을 느끼는 것이다. 자기 안에 들어와 있는 시선이 자기를 빤히 바라보고 있으니 말이다.

물론 다른 사람과 비교하여 부끄러움을 느끼는 것이 힘든 일도 참고 견디며 노력하게 만드는 동력이 되기도 한다. 부끄러움을 극복하기 위해 노력하니 말이다. 그러나 결국 못 해낼 때 문제가 생긴다. 처음부터 아예 위축되어 버리면 그런 시도조차도 할 수 없게 된다. 위축되는 동시에 자존감도 함께 떨어진다. 남들보다 못나 보이면서 자신을 미워하게 된다. 다른 사람의 시선을 의식하는 것은 함께 살아가는 세상에서 불가피한 일이지만 매사 다른 사람의 시선에 얽매인다면 사는 것이 힘들어진다. 자기표현의 자유로움을 잃어버리게 된다. 나아가 타인과의 관계를 아예 축소시킬 수 있다. 아니면 반대로 능력 있는 타인에게 종속되어 버릴 수도 있다.

유치원에서 친구처럼 그리지 못하는 것을 힘들어 하다가 결국 그리기를 그만두는 아이를 본 적이 있다. 늘 잘 그린다고 여겨지는 친구의 그림을 모방하려 시도했지만 번번이 실패하면서 아예 그리기를 회피해 버리기 시작한 것이다. 그 아이가 그리기를 다시 시작하는 데 꽤 많은 시간이 걸렸다. 아이가 다시 용기 내기를 바라며 나는 마음을 졸여야 했다. 다 그렇지는 않지만 유난히 그런 아이가 종종 있다. 그런 경우 특별한 배려와 지원이 필요하다는 것을 느낀다. 교사가 교육 활동을 하며 부단히 관심을 쏟아야 하는 지점이다.

결국 무엇이든 그것을 열심히 하고 잘하게 되는 데에는 부끄러움보다 자기 즐거움이 자리해야 하는 셈이다. 부끄러움은 타인의 시선을 지나치게 의식하며 주눅 들게 만들지만, 즐거움은 타인의 시선을 잊고 자기가 하고 싶은 것을 추구하도록 만들기 때문이다. 다른 사람이 어찌 생각하든 아무 상관없이 자기 즐거움을 찾아 나갈 때 정작 하고 싶은 것을 해낼 수 있게 되고 타인과 비교하는 데에서 벗어나 부끄러움에서도 벗어날 수 있다.

그런 지점에서 발달장애 아동들과 만나 미술활동을 한 것은 나에게도 큰 도움이 되었다. 그들은 자기가 할 수 있는 것, 아니 무엇보다도 좋아하는 것을 하며 즐거움에 몰입하곤 했다. 할 수 없는 것을 하려 하지 않을 뿐 아니라 그것에 얽매여 힘들어 하지도 않았다. 더 잘하고 못하고에 대한 비교 의식이 별로 없으니 그런 것에 얽매이지 않았다. 대부분의 활동 동기는 자기만의 즐거움이었다. 그것은 아주 편안하고 안전한 활동이 되었다. 어쩌면 아이들이 공부하는 모든 교실이 그런 조건을 갖추기 위해 교사가 노력해야 하지 않을까. 나아갈 길을 모색하기 위해 때로 비교하고 견주어 보더라도 정작 집중할 때는 자신에게 몰입할 수 있도록 말이다.

타인의 세계와
자기 자신

　　흔히 잘한다고 여겨지는 아이들도 타인 시선의 울타리에 갇혀 있기는 매한가지이다. 무언가 잘한다고 여겨지는 패턴이 있기 마련인데, 그것을 쉽게 수행한 아이는 다른 아이들의 부러움과 선생님의 칭찬을 받으면서 스스로 그것에 사로잡히기 쉽다. 칭찬하는 사람의 시선이 내면에 자리 잡으면서 그것에 얽매이기 시작하기 때문이다. 그리하여 그것을 습관적으로 반복하기도 한다. 설령 재미가 없더라도 말이다.

　　나도 그랬다. 나는 어린 시절 그림을 잘 그린다고 칭찬받는 아이였다. 칭찬을 들으면서 나는 칭찬을 받기 위한 어떤 방식과 패턴이 있다는 것을 알게 되었고, 칭찬을 받기 위해 그것을 습관적으로 반복하기 시작했다. 선생님들이 그것을 권유했고 나는 그것에 사로잡혔다. 결국은 점차 그리기가 재미없어지는 과정이 되었다. 그 패턴에서 벗어나는 데 많은 시간이 걸렸다. 타인을 의식하는 것은 살아가는 데 중요한 요소임에는 틀림없지만, 그로 인해 소중한 자신의 즐거움을 잃어버릴 수도 있다.

고등학교 미술 시간에 한 아이가 수업 내내 가만히 있다가 그냥 하얀 종이를 제출한 적이 있다. 왜 아무것도 하지 않았냐고 물었더니, 무엇을 해야 할지 몰라서 그랬다고 했다. 그러면서 덧붙이기를 이전의 선생님들은 늘 무엇을 하라고 정해 줬는데, 선생님은 그냥 하고 싶은 것을 하라고 하니 무엇을 할지 알 수 없다고 했다. 공부도 잘하는 모범적인 아이였다. 물론 정해진 지식을 익혀서 따라 해야 하는 공부는 그렇게 할 수도 있지만 스스로 자신을 만들고 드러내며 지켜내야 하는 영역에서도 그렇게 하여서는 안 된다. 그러다가 결국 자신의 길을 잃을 수 있기 때문이다.

공부에는 두 갈래의 길이 있다고 할 수 있다. 한편은 배워서 익혀야 하는 영역의 길이고 다른 한편은 스스로를 찾아 나서는 자기 영역의 길이다. 전자가 타인과 세상의 영역 속에 자리 잡는 일이라면 후자는 바로 그 자리에 서는 자신의 영역이라고 할 수 있다. 그렇게 보면 우리 교육은 자신의 영역을 형성하는 일보다는 타인의 세계 안에 자리 잡는 일을 향해 더욱 집중되어 있는 것 같다. 타인의 세계 즉 세상에 대한, 그리고 세상에 필요한 지식을 습득하고 형성하는 데 에너지가 집중되기 때문이다. 그리고 그것을 잘 해내면 성공한 사람으로 여겨진다. 세상의 시선은 모조리 거기에 집중되어 있는 것 같다.

  그러나 정작 자기 자신을 탐구하며 형성하는 데 실패하면 더 이상 자기는 남지 않게 된다. 그 자리에 성취는 있어도 정작 자신은 없는 상황이 될 수도 있다. 지위와 위치만을 과시하면서 살아가게 될지도 모른다. 아니 그것에 사로잡혀 오히려 자신을 파괴하며 살아갈 수도 있다. 자기 자신이라는 고유함의 영역을 잃는다면 말이다. 자신의 내부에서 나오는 에너지로 충족되는 영역, 그것이 있다면 타인의 영역에서 무능하고 뒤떨어진다고 해도 스스로의 만족과 즐거움을 보존하고 살 수 있게 된다. 한 사람으로 살아가는 데 무엇보다도 소중한 부분이다.

타인과 견주지 않는 사람들

세상을 살다 보면 보통 사람은 넘볼 수 없는 타인의 영역이 많다. 그런 영역은 대부분 특별한 사람들만이 도달할 수 있는 것들이다. 부러워할지언정 자신이 그것을 못한다고 해서 부끄러워지거나 하지 않는 영역이다. 예를 들면 올림픽에서 스키점프를 멋지게 하는 운동선수를 보며 환호를 보내겠지만 자신은 그런 것도 못한다며 창피해 하지는 않을 것이다. 100m를 10초 이내로 달리지 못한다고 부끄러워하지도 않을 것이다. 특별한 지식이나 기술을 가져야만 해낼 수 있는 일을 못한다고 해서 부끄럽지는 않을 것이다. 특별한 사람이 아니면 할 수 없는 일이기 때문이다. 일반적으로 할 수 있는 범위를 넘어서는 일이기에 그것을 못한다고 부끄러울 일은 없다.

진우에게는 어린 시절부터 아주 가까이 지내던 친구가 있었는데 그 친구가 고등학교를 졸업하고 서울대학교에 입학했다고 하여 진우가 오랫동안 그 친구를 자랑하고 다닌 적이 있었다. 친구가 서울대를 갔다고 말이다. 진우도 고등학교를 다니면서 서울대가 대단한 곳이라고 알게 된 것 같다. 그런데 진우는 고등학교를 졸업하고 대학을 가지도 않았는데 친구와 비교하여 자신의 처지를 생각해 보거나 하지 않는다. 그러니까 진우에게는 그것이 자신의 처지와 비교해야 할 아무런 이유도 의미도 없는 것이다.

한번은 운전을 하며 택배를 배달하는 친구를 길에서 만났는데 그 친구를 무척 부러워하며 진우가 말했다. "야, 대단하다. 대단해!" 진우는 감탄을 연발하면서 자기도 운전을 해 보고 싶다고 말했다. 그러나 그뿐이었다. 자신이 운전을 못한다는 사실을 부끄러워하지는 않았다. 그저 하고 싶다는 것일 뿐, 그것으로 그만이었다. 그저 자기가 할 수 없는 일일 뿐이다. 진우뿐 아니라 많은 발달장애인들은 자신들이 할 수 없는 일을 할 수 있는 비장애인들에 대해 그런 태도를 가지는 것 같다. 그것을 그저 흠모하고 경탄할 뿐, 그걸 하지 못하는 자신을 부끄럽게 여기거나 그걸 하는 이에게 질투심을 느끼지 않는다. 그리고 자신은 그저 자신이 할 수 있는 일을 할 뿐이다.

발달장애인은 타인의 세계에서 자신의 자리를 만들 능력이나 힘이 없는 대신 어쩌면 오히려 있는 그대로의 자신을 잘 보존하고 살아가고 있는지도 모른다. 아니, 그 세계라는 것을 인식하지 못하니 자신의 영역밖에 없는지도 모른다. 그래서 자신의 세계 안에서 충만한 삶을 살 수 있는 것인지도 모른다. 그만큼 그들은 비교 값 없이 있는 그대로의 가치를 지니고 사는 존재인 셈이다.

얻는 것이 있으면 잃는 것이 있고 잃는 것이 있으면 얻는 것이 있는 모양이다. 사람들이 타인과 세상의 자리를 차지하기 위해 늘 노심초사하고 힘들어하며 자기 자신마저 지키고 살기 어려울지라도, 발달장애인은 세상의 자리를 얻지 못하는 대신 그만큼 자기를 보존하며 살고 있는 게 아닐까. 그렇게 보면 장애가 늘 장애인 것만은 아닌 셈이다.

자신만의 영역을
지켜 내는 삶

진우를 키우면서 내가 새삼 깨달은 것은 진우가 그 누구보다도 사랑스럽다는 것이었다. 나는 그저 있는 그대로 애틋하고 사랑스러운 마음에 사로잡히곤 했다. 그것은 진우 형들을 키울 때와는 사뭇 다른 느낌이었다. 물론 진우 형들도 한없이 사랑스러운 나의 아이들이지만 어느 정도 크면서부터는 잘하는지 못하는지를 따지게 되었고, 더 잘했으면 하는 마음이 들면서 그저 사랑스럽게만 느껴지지 않을 때가 종종 있었다. 왜 그런 것도 못하느냐 타박하고 그럴 때면 미운 마음마저 들곤 했던 기억이 있다. 그런데 진우에게서는 그런 마음이 들지 않았다. 걸음을 잘 걷지 못할 때에는 발걸음만 떼어도 예뻤고 그 모습에 감동했다. 무엇을 잘하고 못하고를 떠나서 그저 소중하고 안타까운 존재였다. 그것은 다른 무엇과도 바꿀 수 없는 감정이었다. 진우가 어찌 되면 나도 못 살 것 같은 마음이었다.

내가 진우에게서 어떻게 그런 온전한 마음을 느끼게 되었을까 의문을 가진 적이 있는데 그것은 결국 진우를 다른 아이들과 비교하지 않기 때문이라는 것을 알았다. 진우는 진우 또래 다른 아이들과 비교할 수 없는 독보적인 존재인 셈이다. 너무도 다르니 말이다. 그래서 어쩌면 진우가 있는 그대로 사랑스러울 수밖에 없는 게 아닐까. 진우가 가진 장애의 역설적인 일이다.

생각해 보면 나의 영역이란 그런 것이다. 그것은 타인이 어떤지 세상이 어떤지와 상관없이 고유하고 독보적인 성격을 지니고 있다. 거기에는 더 낫고 못한 것이 없다. 잘하고 못하고가 없는 것이다. 세상이 어떻게 돌아가더라도 우리가 살아갈 수 있는 이유는 바로 그런 자신의 영역이 자리하고 있기 때문이다. 그런데 사람들은 그것을 타인들의 모습과 비교하기 시작하면서 그 빛을 잃어 가는지도 모른다. 비교하다 보면 자신이 못나 보이거나 또는 잘나 보이면서 그것의 독보적인 가치에 온전히 눈이 멀고 마는 것이다. 어쩌면 우리가 타인의 영역과 자기의 영역을 구분할 수 있는 과정을 제대로 배우지 못해서 그런 것은 아닐까. 그런 생각이 들면서 나는 아이들을 키우고 가르칠 때 그런 구분을 제대로 하도록 했는지 반성하지 않을 수 없었다.

이미 나 스스로도 그런 것을 잘 알지 못했으니, 나 또한 그렇게 배웠으니 나의 아이들에게도 그런 교육을 제대로 해냈을 리 만무하다.

그것은 슬프고 안타까운 일이라고 할 수 있다. 어쩌면 세상 사람들도 다 그럴지 모른다는 생각이 든다. 학교에서 만나는 아이들의 모습에서 그것이 선연히 느껴지니 말이다. 내가 뒤늦게 이제야 그것을 깨달은 것은 너무 아쉽지만 이제라도 깨닫게 된 것이 그나마 참으로 다행스러운 일이다. 나 스스로도 자신을 못났든 부족하든 그런 것과는 아무 상관없이 있는 그대로 받아들이며 인정할 수 있게 되었으니 말이다. 그것은 진우를 만나 새로이 배운 삶이라고 할 수 있다.

누구나　　　　　　　　　　　4
존중받아야 하는
삶이 있다

장애를
마주하며
사람을　　　　　　　　　　　진우의 거울
다시
바라보다

있는 그대로
받아들이는 마음

진우의 초등학교에서 만난 특수학급 선생님은 있는 그대로의 진우를 사회의 일원으로 받아들이셨다. 그런 태도는 처음으로 접한 것이었다. 그 시절만 해도 장애인을 있는 그대로 사회의 일원으로 받아들이던 분위기가 아니었다. 우리 부부 또한 그만큼 위축되었고 진우가 다른 아이들에게 폐가 되면 어쩌나 하는 생각으로 마음을 졸이곤 하였다. 진우가 학교에 갈 때면 과잉행동이 방해가 되지 않게 하려고 꼬박꼬박 약을 먹이는 일도 빠트리지 않았다.

진우가 학교에 들어간 해의 5월에 첫 운동회가 있었다. 다른 비장애 어린이들 사이에 모든 것이 서툰 진우의 자리가 있을 것 같지 않았다. 진우는 뒷전에 빠져 엄마의 품에 남겨질 거라고 생각했다. 그런데 선생님은 아이들 사이에 진우의 자리를 마련하고 함께하도록 배려하였다. 지금 생각해 보면 그것은 당연한데 그때만 해도 너무 고마운 일이었다. 다음은 달리기에 참여했던 진우의 모습을 보고 쓴 아내의 일기이다.

2004년 5월 7일 금요일

차례가 되어 총소리가 나니
뛰기 시작하는 진우
다른 아이들이 앞서 나가고
맨 끝에서 뛰고 있는 진우를 보며
과연 진우가 끝까지 뛸 수 있을까? 하며
사진을 한 장 찍으려는 순간
마이크에서 나오는 소리
정확하게 기억 나지는 않지만
생각나는 대로 적어 보면
"지금 파란 옷을 입고 달리고 있는
1학년 4반 김진우 어린이는 약간의 장애를
가지고 학교를 다니고 있습니다. 끝까지
달릴 수 있도록 박수를 쳐 주세요."
이런 말이 끝나자 사람들은 박수를 쳐 주었고
본부석 가에 구부리고 있던
나는 진우와 함께 뛰고 있었다.

진우가 나를 보면 내게 안기거나 넘어져서
도중하차하지 않을까 하는 것은 기우였다.

*진우는 꼴찌이긴 하지만 끝까지 뛰었고
그런 진우를 보고 나는 가슴이 벅찼다.
진우가 자기가 할 일을 끝까지 해냈다는 것이
정말 기특했고 그런 진우를 돌보시는
선생님들께 감사하는 마음이 생겼다.*

다른 아이들은 이미 다 결승점에 도달했고 진우는 운동장에 혼자 남아 걷듯이 가고 있었지만 중도에 포기하지 않고 끝까지 갔다. 그 넓은 운동장에서 수많은 사람들의 시선을 받으면서도 자신의 행동에 아무런 거리낌이 없었다. 그만큼 진우가 충분히 배려를 받으며 학교를 다니고 있다는 것을 그날 확인할 수 있었다. 진우 또한 100m 달리기에 참여할 수 있는 초등학교 1학년 어린이 중의 한 명으로 대접받고 있었다. 우리 부부는 그런 선생님께 감격할 수밖에 없었다.

진우가 만난
크나큰 행운

진우의 선생님께서는 진우가 학교에 입학한 후 진우 일기를 쓰셨고 그것을 우리 부부에게 공유해 주셨다. 다음은 진우의 초등학교 봄운동회 날에 대해 선생님께서 쓰신 일기이다.

> 지난 5월 7일, 체육행사가 있었다.
> 1400여 명의 학생들이 오전 중에 경기를 해야 하다 보니 종목이 달리기 하나뿐인데, 처음 입학했을 때 줄서기도 염려되던 진우가 친구들과 조를 맞추어 서서, 신호에 맞춰 출발하고 비록 꼴찌지만 끝까지 포기하지 않고 열심히 달리던 모습……
> 하지만 어설픈 천 마디의 방송 멘트보다 진우의 모습 자체만으로 충분했다……

선생님은 진우에게 진심이셨다. 진우가 실패하지 않고 학교에 적응할 수 있도록 세심한 배려를 하고 계셨다. 우리 부부의 걱정을 뒤로하고 진우는 이런 선생님의 지지 속에서 성공적으로 학교에 안착했다. 우리는 안심하고 진우를 학교를 보낼 수 있었다.

> 진우가 바람 같구나……
> 자유롭고 상쾌하게 돌아다니며 한곳에 집중하고 머무르지 않는 것.
> 순간순간 예리하고 관찰력도 뛰어나고 기억력도 있지만 오래 집중하지 않는다.
> 우선 거기에 초점을 맞추어야겠다. 진우의 관심을 오래 붙잡아 두는 것.
> 바람이 머무른다면 그건 이미 바람이 아닐 테지만(이게 과학적으로 맞나? 하여튼 문학적으론 말이 되는 거 같다……)
> 난 진우 이름을 그렇게 정했다.
> '바람이 머무를 때'
> 그런 때가 많아질 때 서로의 주파수가 다른 애정을 좀 맞춰 보기가 쉬워질 것 같다.
> 지금은 진우가 날 좋아한다
> 나도 진우를 좋아한다.
> 하지만 서로 의미가 다르고 일방적인 다른 방향의 애정이다.

> 그걸 맞추기 위해. 진우의 의식을 한곳에 오래 붙잡아 두는 방법을 찾아봐야겠다.

과잉행동장애 때문에 진우가 한시도 가만히 있지 못하고 돌아다니는 모습을 보며 선생님께서 쓰신 글이다. 진우는 가만히 앉아 있지 않고 끊임없이 돌아다녔다. 쉬지 않고 복도로 다른 교실로 심지어는 교무실로 이리저리 돌아다녔던 것이다. 그런 진우를 돌보는 일이 매우 번잡스러웠을 텐데 선생님은 바람에 비유하며 따뜻한 눈으로 진우를 바라봐 주셨다. 물론 대부분의 선생님들이 그렇겠지만, 그런 선생님을 만난 것은 진우에게 크나큰 행운이었다. 진우가 초등학교에 입학하여 처음 만난 조은정 선생님이시다. 선생님은 줄곧 진우를 맡아 주셨는데, 진우가 5학년일 때 안타깝게도 암으로 돌아가셨다.

한 인간으로서
존중받는 삶

진우는 일상에서 만나는 낯선 사람을 두려워하지 않는다. 또한 다른 사람들에게 호의적일 뿐 아니라 어떤 눈치도 보지 않고 당당하다. 그것은 사람이 살아가는 데 정말 중요한 태도라고 생각한다. 세상 속에 당당히 자기 자리를 형성하는 힘이기 때문이다. 그것은 인지력하고는 별 상관이 없는 것 같다. 그런 면에서 진우는 매우 훌륭하게 대처하며 지내고 있으니 말이다. 나는 진우가 장애 때문에 차별받지 않고 늘 인정받으며 자란 덕택이라고 생각한다. 그런 면에서 선생님들이 매우 중요한 역할을 해 주셨다. 진우는 학교에 가는 것을 매우 좋아했다. 아침에 학교에 가면 교장실에 불쑥 들어가 인사를 하고 나오곤 했다고 한다. 자기를 사랑해 준다고 느꼈기 때문일 것이다.

물론 알게 모르게 아이들에게 괴롭힘을 당하기도 했다. 장애가 있다는 것은 다른 아이들에게 쉽게 괴롭힘을 당하는 타깃이 될 수도 있다는 뜻이다. 그러나 진우에게는 기본적으로 어른들이 자신을 지켜 준다는 믿음이 있던 모양이다. 그런 일들이 진우의 삶에 별다른 영향을 미치지는 않았다. 실제로 그런 일이 있을 때마다 선생님들이 충분히 역할을 해 주셨다. 진우가 장애가 있다고 해서 위축되지 않고 학교에 다닐 수 있도록 늘 배려해 주셨다.

  진우가 중학생이었을 때 한 아이가 아무 이유도 없이 진우를 마구 두둘겨 패는 사건이 있었다. 학교에서는 즉시 우리 부부에게 연락해 사건에 대해 알렸다. 가해 학생을 어떻게 처분해야 할지 부모에게 묻는 절차를 밟았다. 우리 부부는 해당 아이가 진우에게 사과하는 절차를 밟겠다고 했다. 가해 아이와 부모가 우리 집을 방문해 진우 앞에서 사과를 했고 진우가 그것을 받아 주었으며 그 아이는 다시는 그러지 않겠다고 약속하는 과정을 거쳤다.

  진우는 밖에서 나쁜 일을 경험하면 집에 와서 아빠에게 이른다. 아빠를 보면 소리를 지르며 자기가 얼마나 화가 났는지 역력하게 드러낸다. 그리고 아빠에게 앞장서라며 가자고 한다. 가서 그 사람을 혼내 줘야 한다는 것이다. 나는 진우가 나쁜 일을 겪으면 꼭 진우와 함께 그곳에 가거나 그 사람을 찾아가서 사실을 확인하고 해결하는 과정을 밟았는데, 진우에게는 그렇게 학습이 되었다. 진우는 지능이 낮아도 자존감은 낮지 않았다.

"내 인생 내가 알아서 사는데 왜 참견이야!"

진우가 성인이 된 후로 부모가 과도하게 간섭한다고 느낄 때마다 버럭 소리 지르면서 하는 말이다. 어디서 그런 말을 배웠는지 알 수는 없어도 그런 말을 쓴다. 맞는 말이라고 생각한다. 성인이니 충분히 할 수 있는 말이다. 진우 형들 같아도 그런 경우 아마 똑같은 말을 할 것이다. 그러나 진우가 엉뚱한 행동을 하는 경우가 종종 있으니 참견을 안 할 수는 없다. 다만 성인인 만큼 존중하며 참견해야 한다. 진우도 당연히 성인으로서의 대우를 받기를 원한다. 인지력이 3~4세에 머물러 있다고 해서 3~4세의 아이가 아니다. 성인으로서의 욕구가 있고 그것을 누리며 살고자 한다.

반복을 통해
익숙해지는 것들

비장애 아이들의 경우 초등학교 고학년쯤이면 대부분 부모의 도움 없이 자기의 즐거움을 찾아 나설 것이다. 아니 그즈음부터는 부모의 참견이 싫어 거리를 두기 시작할 터이다. 흔히 중학생쯤 되면 참견하려는 부모와 그것을 회피하려는 아이 사이의 갈등이 문제가 되곤 한다.

그러나 발달장애인은 무엇이든 스스로 하는 것이 쉽지 않기 때문에 뭐든 하고 싶은 것을 할 수 있도록 하려면 다른 사람의 지원이 필요하다. 장애가 심하면 심할수록 더욱 그렇다. 물론 도움 없이도 할 수 있는 일들은 있다. 진우는 인터넷서핑을 잘한다. 어떻게든 자신이 찾아보고 싶은 것을 찾아 즐긴다. 인터넷서핑을 통해 아주 초보적인 형태의 게임들, 노래 듣기, 기차 보기 등의 취미 생활을 한다. 그런 것들을 스스로 해 나간다. 그러나 진우에게 그런 욕구만 있는 것은 아니다. 밖에 나가 돌아다니고 싶어 하고, 버스나 기차를 타고 싶어 하고, 여행을 가고 싶어 하며, 아는 사람을 만나러

가고 싶어 한다. 그렇지만 그런 일들을 하려면 대부분 부모의 도움이 필요하다.

　　　　진우는 할아버지의 도움으로 버스를 이용하여 초등학교를 다녔다. 그러다 보니 버스 이용에 익숙해지기 시작하였다. 6학년 즈음에 혼자 버스를 타게 하고 내리는 곳에서 기다렸다가 데려오는 일을 처음 시도하였다. 가능하면 진우 혼자의 힘으로 버스를 이용하도록 하기 위한 첫걸음이었다.

　　　　우리 부부는 진우가 지역사회의 일원으로 살아갈 수 있도록 지원해야 한다고 생각하기 시작했다. 그래서 가능한 한 바깥 활동의 기회를 많이 가졌는데, 고등학생 시절부터는 혼자서 바깥 활동을 할 수 있도록 지원하기 시작하였다. 그중 무엇보다도 횡단보도를 건너는 일은 쉽지 않았다. 시골이라서 대부분 신호등이 없는 탓도 있었다. 사고가 날까 봐 우리 부부도 늘 노심초사했는데, 진우는 스스로 횡단보도 건너는 것을 매우 두려워했다. 저 멀리서 차가 오는 것이 보이기만 해도 길을 건너지 못했다. 그 차가 가까이 오는 시간을 가늠하지 못하다 보니 차만 보여도 건너지 못하는 것이다. 그때마다 나는 진우의 뒤에 서서 "이제 건너도 된다. 건너라." 이렇게 말해 주면서 건너게 하곤 했다. 진우 혼자 있을 때 그것은 쉽지 않은 일이지만, 이런 일을 무수히 반복하다 보니 진우도 점차 익숙해지는 모습을 보였다.

그래서 고등학교 시절부터 진우는 버스도 혼자 타고 다닐 수 있을 만큼 익숙해졌다. 버스 기사님들도 대부분 진우를 알게 되면서 도움이 되어 주었다. 지역사회의 도움 속에서 진우는 성장하고 있었다. 나는 이를 지켜보면서 반복되는 경험이 매우 중요하다는 것을 알았다. 아무리 설명해도 이해하지 못하지만 무수히 반복하다 보면 몸으로 익혀지나 보다. 못했던 것도 어느덧 혼자 하게 되는 일도 있었다. 물론 그것은 진우의 욕구와 의지를 바탕으로 이루어지는 일이었다. 자신이 하고 싶은 일이기에 반복하고 어느덧 하게 되는 것이었다.

기차와 함께하는
신나는 일상

진우는 성인이 된 지금도 기차에 열광한다. 그러니까 3~4세 아이들이 그러하듯이 말이다. 진우는 3세 때부터 성인이 된 지금까지도 변함없이 기차에 열광한다. 사람이 무언가에 열광한다는 것이 얼마나 소중한 일인지를 기차에 열광하는 진우의 모습에서 알게 된다. 진우는 4~6세 시절 오직 기차를 볼 수 있다는 이유만으로 뒷산을 거의 매일같이 오르내렸다. 뇌병변장애로 걸음걸이가 시원찮던 시절 진우의 다리근육을 발달시키고 운동기능을 강화시키기 위해 나는 진우의 그런 마음을 활용했다. 진우가 멀리 여행 가는 것을 좋아하는 이유도 기차 때문이다. 그래서 우리는 진우의 어린 시절 기차를 타기 위해 종종 여행을 해야 했다.

기차와 함께하는 일상을 다시 시작한 것은 진우가 고등학교에 다닐 즈음이다. 나는 진우의 즐거움을 함께하기 위해 기차 보러 가는 일과를 만들었다. 진우가 오르던 뒷산은 진우가 성장한 만큼이나 나무가 커져 시야를 가리기 때문에 더 이상 기차가 보이지 않았다. 그만큼 뒷산에 오르던 일도 소원해지던 터였다. 그 무렵 진우는 자전거에 관심을 가지기 시작했다. 진우에게 알맞은 보조 바퀴가 달린 작은 자전거가 있었다. 그 자전거를 끌고 가 동네 광장이나 학교 운동장에 가서 종종 타 보곤 했다. 물론 아빠의 도움이 필요했다. 그러던 중 나는 진우가 자전거를 타고 기차를 보러 가면 좋겠다고 생각했다. 들판까지 나가면 기차가 지나가는 것을 볼 수 있었다. 게다가 서천역까지 다녀올 수도 있다. 내가 옆에서 잡아 주거나 뒤에서 밀어 주며 진우는 자전거를 탔다. 진우는 금방 그것에 열광했다. 그래서 주말은 자전거를 타고 기차 보러 가는 날이 되었다. 진우의 운동기능을 향상시키는 데에도 도움되는 일이었다. 더구나 자전거 타는 일은 몸의 중심을 잡는 능력을 길러 주는 활동이다. 진우가 자전거를 타고 가는 동안에는 기차를 보려는 마음 때문에 힘든 줄도 모르고 달렸다. 그러다 돌아올 때는 지쳐 자전거를 탈 수 없어 대부분 내가 끌고 돌아와야 했다. 온전히 그런 활동만으로 진우가 자전거 타는 것을 익히게 된 것은 아니지만 그것은 진우의 고등학교 시절 아빠와 나눈 소중한 일상이었다.

기차 보러 가는 일이 시작되자 진우는 다시 기차에 몰입하기 시작했다. 기차를 보러 가기 위해서는 기차 시간을 알아야 했다. 언제 기차가 오는지 시간을 체크하고 그 시간에 맞춰 나가야 기차를 볼 수 있었다. 또한 그 기차가 무궁화호인지 새마을호인지 서해금빛열차인지 확인하여 보고 싶은 기차를 정하여 보러 나갔다. 기차를 보러 가는 것뿐 아니라 인터넷에서 기차를 검색하여 찾아보는 일은 진우에게 매우 신나는 일상으로 자리 잡았다. 기차의 종류를 하나하나 검색하고 새로운 기차를 찾아내면 열광했다. 나 또한 그렇게 많은 종류의 기차가 있는지 몰랐다. 기차를 타고 싶은 열망에 불타오른 진우는 온갖 기차를 찾아내기 시작했다. 그리고 서천역에만 가면 기차를 타고 싶어 안달했다.

혼자서 해내는
기차 여행

　　　진우가 고등학교를 졸업하고 성인이 되었을 즈음 나는 진우의 소원을 들어줘야겠다는 생각을 했다. 진우가 혼자서 기차 여행을 할 수 있다면 얼마나 좋을까 싶었다. 진우가 혼자 거리를 돌아다니고 버스를 타는 모습을 보면 기차 여행도 가능할 것 같았다. 다만 그것이 가능하려면 내려야 하는 역에서 혼자 내리는 일, 기차역에서 위험하지 않게 행동하는 일, 다시 돌아오는 기차를 타는 일, 알맞게 시간을 맞춰 움직이는 일, 만일 잘못 가거나 열차를 놓치거나 했을 때 도움을 요청하는 일 등을 익혀야 했다.

　　　한편으로는 그런 일들에 실패하여 진우가 길을 잃을 수 있는 상황에 대해 생각해야 했다. 쉽지 않은 일이었다. 진우를 영영 잃어버릴 수도 있는 일이니까 말이다. 그러던 중 위치추적 GPS가 있다는 것을 알게 되었다. 용기가 났다. 진우에게 위치추적기를 달아 주면 나의 휴대폰으로 진우 위치를 검색할 수 있다. 시간을 지정하면 일정 간격으로 위치 정보를 전송하여 주니 말이다. 나는 이를 활용하여 진우가 혼자 기차 여행을 할 수 있도록 지원하기로 마음먹었다.

처음에는 내가 진우의 기차 여행에 동행했다. 마침 나는 퇴직한 상황이라 시간 여유가 있었다. 나는 진우와 동반하며 기차 여행의 모든 과정을 일일이 체득할 수 있도록 했다. 기차표에 명시되어 있는 기차 호수를 확인하여 그 위치에 가서 서 있는 일, 기차가 멈추면 탑승구에 오르는 일, 기차표에 써 있는 자리를 찾아 앉는 일, 내리는 역 안내 방송이 나오면 미리 내릴 준비를 하는 일, 기차에서 내려 역에서 다시 돌아오는 차표를 구매하는 일, 기다렸다가 전광판에 해당 열차 시간에 '승차 준비' 안내가 표시되면 그것을 보고 열차 타러 나오는 일, 열차가 서는 홈 번호를 확인하여 그곳을 가는 일, 다시 기차 호수를 찾아 거기에 가서 기다리는 일, 만일 이런 일들에 실패했을 때 역무원실을 찾아가 도움을 요청하는 일 등등 일일이 위치와 확인하는 절차들을 익히도록 했다. 어린 시절부터 엄마 아빠와 종종 기차 여행을 해 봤어도 진우 혼자서 해내는 일은 다른 문제였다.

수차례 그렇게 반복하면서 진우는 아빠와 한 번 다녀온 역에 혼자 가기를 시도하기 시작하였다. 위치추적 GPS를 팔에 채우고 휴대폰을 챙기고 역까지 가서 진우를 보내고 기차를 탔는지 내렸는지 다시 탔는지 등등을 통화하며 수시로 확인하는 과정을 반복했다. 진우는 그때그때마다 전화로 자기의 위치와 하는 일을 알렸다. 처음 혼자 가기를 시도하는 역들이 시골 지역에 있다 보니 비교적 수월했다. 사람이 많지 않고 역도 그만큼 단순했으니 말이다. 이때 늘 조바심을 냈던 것은 아무래도 단선철도이다 보니 열차가 대부분 역에서 교행을 하기 때문에 반대편 열차를 잘못 탈 수도 있다는 점이었다. 열차를 기다리는 홈의 위치가 정확한지 또 확인하고 확인했다.

한번은 기차가 오지 않는다고 진우로부터 전화가 왔다. 기차가 이미 지나갈 때가 훌쩍 넘은 시간이었다. 진우는 반대편 홈에 서 있었던 것이다. 다시 역으로 내려가 역무원에게 가서 아빠에게 전화를 걸라고 했다. 나는 전화를 바꿔 달라고 한 후에 역무원에게 상황을 설명하였고 역무원의 도움으로 진우는 무사히 돌아올 수 있었다. 그것은 진우에게 큰 경험이 되었다.

가슴을 쓸어내렸던
새 도전

진우는 자신이 한 번도 타 보지 않은 SRT를 타고 싶어 했다. 익산역에 가면 수서역에서 오가는 SRT를 만날 수 있다. 역이 복잡해서 난이도가 높았지만 익산역은 서천에서 멀지 않고 SRT뿐 아니라 더욱 다양한 열차들을 만날 수 있다. 나는 진우를 데리고 익산역을 몇 차례 다녀왔다. 익산역에서 열차를 타고 내리고 열차표를 발매하는 방법을 연습했고 역무원실 위치도 확인했다. 특히 시골 역에서 볼 수 없는 커다란 전광판 보는 법을 열심히 익혔다. 열차 번호와 가는 곳, 열차가 서는 홈의 표시, '승차 준비' 표시 등을 확인하여 열차 타는 과정을 익혔다. 그렇게 진우는 수서역에 도전하였다.

수서역은 나도 가 본 적이 없기 때문에 걱정이 많았지만 호기심이 강한 진우는 두려움 없이 도전했다. 그것은 지능의 문제가 아닌 모양이다. 새로운 세계에 대한 갈망은 지능과 하등 상관없이 작용하는 것 같다. 진우는 익산역에서 익힌 방법에 따라 성공적으로 수서역을 다녀왔다. 진우가 돌아오는 동안 나는 내내 마음을 졸이며 익산역에서 기다려야 했다.

그러던 중 가슴을 쓸어내리는 사건이 벌어졌다. 하루는 진우가 집을 나갔는데 저녁이 되어도 돌아오지 않는 것이다. 동네에서 놀고 있었으니 휴대폰도 GPS도 휴대하지 않았다. 가까운 곳에 갈 때 으레 그러듯이 말이다. 진우가 갈 만한 곳을 전부 찾아보았지만 진우는 보이지 않았다. 문득 기차를 타지 않았을까 하는 생각이 들어 서천역에 가 보았다. 역무원이 진우처럼 생긴 청년이 익산역 가는 표를 끊었다며 확인해 주었다. 진우가 익산역에 갔다고 하더라도 벌써 돌아왔어야 하는 시간이었다. 더 늦으면 막차가 끊겨 돌아올 수도 없는 시간이다. 진우가 어디에 있는지 알 수 없다는 생각이 가슴을 방망이질하기 시작했다. 익산역 철도경찰대에 연락했다. 사정 이야기를 하고 진우를 좀 찾아봐 주기를 요청하였다. 사진을 보내 달라고 해서 그리했더니 조금 후에 연락이 왔다. 그렇게 생긴 청년이 개찰구를 빠져나가는 것이 CCTV로 확인되고 역무원에 의하면 그런 청년이 전주에 가는 차표를 발매했다는 것이다. 가슴이 철렁 내려앉았다. 진우가 그동안 한 번도 시도하지 않았던 행동이다. 나는 부랴부랴 전주역에 전화했고 진우를 찾아 달라고 요청했다. 철도경찰이 없다고 해서 역내 방송을 해 달라고 했다. 그리고 조금 후에 전주역에서 연락이 왔다. 찾았노라고……

역무원이 익산역으로 돌아오는 차를 태워 주어 나는 익산역까지 가서 진우를 데려올 수 있었다. 진우는 전북대병원에 교회 신도 문병을 가려고 했단다. 그날 교회에서 예배를 보는데 신도 한 분이 전북대병원에 입원했다는 말을 들었다고 했다. 그래서 가 보고 싶었다고 했다. 아마도 아빠한테 말하면 혼날까 봐 말하지 않은 것일 수도 있고, 그냥 밖을 돌아다니다가 문득 생각나서 시도한 일이었을 수도 있다. 너무 늦은 시간이라 돌아오기 어려웠을 수도 있다. 전주역에서 아빠에게 연락하려고 했지만 공중전화를 찾을 수 없었단다. 진우는 콜렉트콜 전화를 쓸 줄 알았지만 막상 전화를 찾는 일이 어려웠던 것이다. 그날 나는 진우의 기차 여행이 매우 위험할 수 있다는 것을 다시금 깨달았다. 이후 다시는 허락받지 않고 기차를 타지 않겠다는 다짐을 받고 또 받았다.

자신만의 즐거움으로
삶을 만들어 가는 일

　요즘 진우의 일상에서 가장 큰 즐거움은 기차 여행이다. 우여곡절 끝에 기차 여행은 진우에게 자연스러운 일이 된 것이다. 그래서 주말에는 거의 빠짐없이 기차를 탄다. 우리 부부는 진우가 장항선 범위를 넘어서지 않도록 다짐시키고 다짐시킨다. 너무 멀리 갈 경우 아빠가 도울 수 없다는 것을 강조한다. 진우도 전주역 사건 이후로 다시는 그런 시도를 하지 않았다. 진우도 그때 많이 무서웠던 모양이다.

　요즘은 주로 홍성역이나 익산역 정도까지가 진우의 기차 여행 범위이다. 단지 역에만 다녀오는 것이 아니라 그곳에 가서 쇼핑하는 것이 진우에겐 큰 즐거움 중의 하나가 되었다. 홍성역은 멀지 않은 곳에 커다란 마트가 있다. 역에 내리면 진우는 그곳에 가서 좋아하는 초밥을 사 먹는다. 거기서는 서천에서 볼 수 없는 코스 초밥 요리를 즐길 수 있다. 익산역은 다양한 기차를 구경할 수 있는 명소이다. 진우가 알아낸 기차가 참으로 많다. KTX, SRT, 서해금빛열차, 마음열차, 청룡열차, 팔도관광열차 등등 모두 익산역에 가면 볼 수 있는 기차들이다. 진우는 해당 기차를 인터넷으로 검색한 후에 그것을 보러 간다. 종종 해당 열차를 만나면 그날은 진우 말로 '땡잡은 날'이다. 또 역 근처에서 패스트푸드를 사 먹기도 하고 가끔은 자기가 좋아하는 지갑이나 휴대폰케이스를 사 오기도 한다.

그러나 진우에게 그냥 열차를 보는 것만으로는 만족이 안 되는 모양이다. 해당 열차를 꼭 타 보아야 하는 것이다. 집에 오면 기차 타고 여행을 가자고 졸라대기 시작한다. 마음열차를 타기 위해 여수를 다녀와야 하고 청룡열차를 타기 위해 광주 송정역을 다녀와야 했다. 또 ITX를 타기 위해 순천을 다녀와야 했다. 그리고 더 많은 기차 여행을 위하여 서울역으로 강릉역으로 심지어는 부산역, 안동역 등등 많은 역들을 찾아다녔다. 심지어는 열차 번호를 검색하여 해당 번호의 열차를 타야 한다고 졸라대기도 했다. 진우의 탁월한 기억력이 거기에 한몫하는 듯했다.

진우가 혼자 힘으로 이동할 수 있는 범위는 여전히 그날 가서 그날 돌아올 수 있는 곳까지이다. 여전히 시간을 모르고 돈을 모른다. 숙소를 찾고 묵는 일은 아직 진우에게 어려운 일이다. 아직도 집에 아무도 없이 혼자 자는 것을 무서워한다. 옷을 입고 씻는 일들이 여전히 서툴다. 때로는 용변 실수를 하기도 한다. 인터넷 예매를 하거나 뱅킹을 할 수 없다. 개인정보를 관리할 능력이 없기 때문이다. 그래서 아직 혼자서 하루를 넘기는 여행을 시도한 적은 없다.

그럼에도 이런 진우에게 자기만의 삶의 즐거움이 있다는 것은 정말 놀라운 일이다. 자기 나름의 즐거움을 가지고 있다는 것은 진우 말대로 자기 인생이 있는 셈이다. 진우에게는 기차를 중심으로 자신의 즐거움을 일구고 성장시켜 온 자기 영역이 있다. 그것은 비장애인들의 삶과 다르지 않다. 자기 삶을 이렇게 형성하여 살아갈 수 있는 것이다.

발달장애인의 사회생활을
지탱해 주는 것들

어린아이처럼 기차에 열광하는 진우와 함께 할 수 있는 진우 또래의 비장애 청년은 거의 없을 것이다. 또래의 비장애인들과 어울리기 어려운 이유이다. 어쩌다 누군가를 새로 알게 되면 시도 때도 없이 전화해대는 행동은 사람들이 진우를 불편하게 여기는 이유가 되기도 한다. 같은 발달장애 청년들하고도 어울리기 쉽지는 않다. 발달장애인이라 해도 장애의 특성과 정도에 따라 서로 많이 다른 데다, 장애로 인하여 타인의 관심과 기분에 호응하여 어울리는 능력이 약하기 때문이다. 더군다나 시간과 장소에 대한 관념이 약한 점은 함께 어울리는 데 치명적인 한계로 작용한다.

한번은 진우가 친구와 만나기로 약속하고 나갔다. 초등학교 앞에서 보기로 했다고 했다. 그러나 얼마 안 되어 약속한 친구가 집으로 진우를 찾으러 왔다. 진우가 약속 장소에 오지 않는다는 것이다. 그리고는 한참 후에 진우가 화가 나 씩씩거리면서 집으로 돌아왔다. 친구가 오지 않았다고 했다. 어디서 기다렸냐고 물어보니 초등학교 앞 던킨도너츠에서 기다렸다고 했다. 아마 '초등학교 앞'의 의미가 서로 달랐던 모양이다. 만나기로 한 시간에 대한 생각이 서로 달라서 어긋나기도 한다. 때로는 약속해 놓고 잊어버리기도 한다.

그럼에도 진우는 지역사회의 일원으로 잘 지내는 편이다. 길 가다가 아는 사람을 만나면 말을 건네고 인사를 나눌 줄 안다. 줄지어 손님을 기다리고 있는 택시 기사님들하고 어울리기도 한다. 한가한 택시 기사님들은 할 일 없이 어슬렁거리는 진우에게 말을 걸어 주고 대화 상대가 되어 준다. 단골 노래방도 있어서 거기에 가면 사장님이 상대해 주며 어울리기도 한다. 아는 분이 영업을 하는 가게나 사무실 등을 배회하며 알은체를 하고 인사를 나눈다. 가끔은 다니던 학교를 찾아가 학교 때 선생님을 만나 수다를 떨다 돌아오기도 한다. 그분들 입장에서는 종종 귀찮은 일일 텐데도 대부분 진우를 환대해 주기 때문에 진우는 그런 일을 즐기며 지낼 수 있다.

무엇보다도 진우의 사회생활을 지탱해 주는 기관들이 있다. 앞서도 말했듯이 교회가 그중 하나이다. 교회는 예배 시간이 정해져 있어서 가면 함께할 사람들이 늘 있다. 진우가 교회에 가면 사람들은 환대해 주고 진우를 같은 신도로 대한다. 그렇게 교회는 진우의 일요일을 책임져 준다. 다른 무엇보다도 장애 관련 기관들이 중추적인 역할을 한다. 장애인 기관들은 일단 장애인에 대해 지원하고 봉사할 준비가 되어 있다. 때문에 그곳에 가면 즐길거리가 있고 사람들과 관계를 형성하며 지낼 수 있다. 그곳에는 같은 발달장애인들이 모여 있고 사회복지사들이 함께한다. 자신의 욕구를 실현할 수 있는 사회적인 영역이 있고 그 관계를 형성하며 살아가는 능력이 있다는 것은 참으로 다행스러운 일이다.

아마도 그 뒷배가 되어 준 곳은 학교였으리라. 진우의 어린 시절부터 환대해 주고 가족이 아닌 타인과 관계 속에서 성장할 수 있도록 지원해 주었으며 그것을 일상으로 만들어 주었다. 선생님과 관계를 형성하고 친구들 속에서 존재하며 살아가는 삶을 배우고 형성해 왔다고 할 수 있다. 학교를 졸업하자 복지관이나 교회 같은 기관이 그 역할을 이어서 해 주고 있다.

고통스러웠던
치과 진료의 반전

이쯤 되니 진우의 치과 진료 이야기를 빼놓을 수가 없다. 어린 시절 동네 치과에 진우를 데리고 간 적이 있었는데 의사는 살펴보지도 않고 대학병원으로 가기를 권했다. 그 치과에서는 진우의 치아를 살펴볼 수 없다는 것이다. 마치 발달장애인의 치과 진료는 대학병원에서 하도록 정해져 있는 매뉴얼이라도 있다는 듯이 말이다.

실제로 진우의 치과 진료는 매우 힘들고 고통스러운 일이었다. 진우는 입안으로 윙윙거리는 치과용 기계가 들어가는 것 자체를 거부했다. 진우가 물에 들어갈 때 그랬던 것처럼 그저 걷잡을 수 없는 공포감에 사로잡히는 모양이었다. 그래서 늘 진우의 치과 진료는 진정제 주사를 맞는 것부터가 시작이었다. 그뿐 아니라 몸을 결박해야 했고 남자 보조원 두어 명이 진우의 몸과 머리를 붙잡아 압박하고 나서야 겨우 할 수 있는 일이었다. 진우의 몸부림은 정말 이루 말할 수 없을 정도로 격했다. 병원에서는 4개월에 한 번씩 스케일링

할 것을 권하였다. 양치가 잘되지 않으니 스케일링을 자주 하여 관리해 줘야 하는 모양이었다. 그래서 그것은 어린 시절부터 정기적으로 해야 하는 진우의 일이 되었다. 그렇지만 시간이 가도 진우는 그것에 전혀 익숙해지지 않았다. 늘 똑같이 몸부림치다가 끝나곤 했다. 치과를 다녀오는 날이면 진우는 물론 나 또한 기진맥진한 상태가 되었다.

그랬던 진우의 25살 때 일이다. 새로운 의사가 배치되었는데 진우를 보더니 진정제 주사를 맞지 말고 해 보자고 했다. 나는 내심 반가웠다. 진정제 주사를 맞아도 별다른 효과가 없을 뿐 아니라 오히려 스케일링이 끝나면 그때서야 약 효과가 나타나면서 진우는 축 늘어지곤 했다. 그런 진우를 차에 태우고 돌아오는 일은 참으로 힘겨운 일이었다. 그런데 진정제 주사를 맞지 말자니 반가운 이야기였다.

주사를 맞지 않으니 진우는 의사와 대화를 나눌 수 있는 정도의 맑은 정신으로 스케일링을 할 수 있게 되었다. 그리고 의사는 진우에게 하나하나 설명하면서 협조하도록 이끌기 시작했다. 오히려 진정제를 맞았을 때와는 다르게 진우는 그 상황을 받아들이려는 모습을 보였다. 의사가 찬찬히 설명하며 유도할 뿐 아니라 정신이 온전하니 그런 것 같았다. 물론 갑자기 머리와 몸을 흔들고 저항하며 입을 다물어 버리는 돌발 행동을 반복했지만 진우는 나름 해내려고 애쓰고 있었다. 그러다가 진우가 입을 다물고 끝내 열지 않자 의사가 개구기를 보여 주며 이걸 써야겠다고 했다. 진우는 그것만은 절대 안 된다고 하였다. 의사가 "그러면 입을 열어야 해요." 하면 진우는 잠깐 입을 열었다가 다시 닫았다 하기를 반복하며, 결국은 진정제를 맞지 않고도 진료를 끝까지 받았다. 이전의 경우와 다르게 새 의사는 최대한 진우를 존중하며 스케일링을 진행했다. 참으로 놀라운 상황이 펼쳐진 일이었다.

나는 진우가 개구기에 고개를 절레절레 흔들며 순응하는 것을 보며 그동안 개구기 때문에 진우가 얼마나 두렵고 고통스러웠는지 그제야 알게 되었다. 진정제 주사를 맞지 않게 된 뒤에야 그것을 확인한 것이다. 10년 가까이 긴 시간이 지나고 나서야 말이다.

변화하고 성장할
기회만 보장해 준다면

진정제 주사를 맞지 않고 치과 진료를 받은 일은 진우에게 크나큰 경험이자 새로운 체험이었다. 주사를 맞지 않고 스스로 입을 열어 스케일링을 해냈다는 사실에 큰 성취감을 느낀 것 같았다. 그 모습을 지켜본 아빠가 과할 정도로 칭찬까지 해 주니 말이다. 집에 돌아온 진우는 엄마에게 엄청난 자랑질을 해댔다. 그리고 4개월 후 치과에 갔을 때 진우가 아빠는 들어오지 말라며 혼자 진료실로 들어서는 것 아닌가. 혼자 할 수 있다고 했다. 아빠가 없으면 무서워서 못 견디던 이전의 상황과 완전히 달라진 것이다. 그리고 정말로 아빠 없이 혼자 스케일링을 해냈고, 아빠 없이 해냈다고 두고두고 자랑질을 했다.

그러고 나서 다시 4개월 후 더 큰 변화가 일어났다. 예약 시간이 지나도 냉큼 진료를 시작하지 못하던 의사가 나를 진료실로 불렀다. 진우의 몸을 잡아 줄 보조원이 부족하여 아빠가 함께해 줘야겠다는 것이다. 그런데 내가 진료실에 들어서자 진우는 아빠는 나가라고 했다. 혼자 할 수 있는데 왜 들어오냐는 거다. 그래서 너를 잡아 줄 사람이 없어서 아빠가 해야 한다고 했더니, 아빠 없이 하겠다고 했다. 붙잡아 주는 사람 없이 혼자 하겠냐고 물으니 그렇게 하겠단다. 내가 진료실에서 나오고 스케일링이 시작되었는데, 얼마 안 있다가 다른 보조원들도 진료실에서 나왔다. 진우가 혼자 해내고 있다고!

나는 눈물이 날 지경이었다. 정말이지 예전 같으면 상상조차 할 수 없는 일이 벌어졌다. 늘 진정제를 맞고 축 늘어진 상태에서 결박된 채로 몸부림치며 하던 스케일링을 진우 스스로 입을 열고 해내게 된 것이다. 그것은 순전히 진정제를 맞지 말자고 제안했던 의사의 덕택이었다. 진우의 의사를 최대한 존중하며 스스로 하게 하려 했던, 그런 상태를 보장했던 의사의 태도가 진우의 자발성을 불러낸 셈이다.

오랜 세월 해 왔던 스케일링이 충분히 예측 가능한 일이 된 점은 진우가 그것을 받아들일 수 있는 조건이 되기도 했을 것이다. 그럼에도 그동안 의사들은 그런 진우의 가능성을 인정하지 않고 그저 하던 대로 강압적인 방식을 써서 진우가 그것을 스스로 해낼 기회를 빼앗았던 셈이다. 생각하면 슬프고 안타까운 일이다. 우리 사회가 발달장애인에게 접근하는 태도의 문제인 셈이다. 그것은 아빠인 나도 당연한 일처럼 그저 순순히 받아들이고 살아온 것이었다. 그러나 기회를 주자 진우는 그것을 조금씩 해내기 시작했다. 조금은 힘들고 시간이 걸려도 기다려 준다면 가능한 일은 가능해지는 것이다. 그 후로 진우에게 더 이상 스케일링은 일도 아닌 것이 되었다. 나는 이제 대학병원을 가지 않아도 되지 않을까 생각하는 중이다.

나는 그런 진우를 보면서 아주 느리기는 하지만 그래도 진우가 성장하고 있다는 것을 확인했다. 언제든 진우가 변할 수 있다는 희망을 열어 두고 그런 기회를 끊임없이 보장한다면 말이다. 물론 진우는 여전히 양치를 잘 못하여 여전히 아빠의 도움이 필요하다. 그럼에도 조금씩 더 잘해 나가고 있다는 것을 요즘은 확인한다. 칫솔질의 순서를 정하고 그것을 반복하여 익숙해지도록 하는 것을 게을리하지 말아야겠다고 생각하게 되었다.

할 수 있는가
없는가의 문제

성장이라는 것은 어쩌면 인지력으로만 이루어지는 것이 결코 아닐 것이다. 그것은 오랜 세월 몸으로 익혀 가는 과정이기도 하다. 스스로 몸으로 받아들이는 과정 말이다. 그래서 어느덧 습성처럼 하게 되는 그런 일이 있다. 가만히 보면 우리도 많은 일을 습성으로 행하고 있다. 옷을 입거나 양치를 하거나 밥을 먹거나 하는 일은 아무런 생각 없이 그저 자동적으로 이루어지니 말이다. 심지어는 다른 사람들과 함께하며 걷거나 대화를 나누거나 우정을 나누는 일도 그저 느낌에 따라 나도 모르게 하게 되는 그런 상황 속에서 이루어진다. 바로 그런 습성이 우리 삶을 지탱하는지도 모른다.

그런 것들은 스스로 해내는 삶의 영역인 것이다. 거기에는 어떤 기분이나 느낌이 자리하며 그것이 좋게 느껴질 때 자꾸만 하게 되는 것이라고 할 수 있다. 진우의 경우만 봐도 아무리 어려운 일일지언정 자기의 즐거움이나 성취감이 그것을 실현하게 하는 힘이 된다는 것을 알 수 있다. 그 가운데에는 스스로 만족하는 자기 삶이 자리하고 있다.

  물론 끝내 할 수 없는 것은 할 수 없을 것이다. 결국에 어떠한 일은 타인의 도움을 받아야만 해내게 될 것이다. 아마도 진우는 많은 부분에서 그럴 것이다. 누군가 지탱해 주지 않으면 삶을 영위하기 어려울 것이다. 그럼에도 전부 할 수 없다고 단정하고 모든 기회를 봉쇄하는 것과는 전혀 다를 터이다. 진우가 그동안 스스로 스케일링을 하지 못했던 것은 그렇게 단정했던 의료 과정 때문이었다. 반면 무조건 할 수 있게 해야 한다고 여기며 그것을 강제하는 것 또한 고통에 빠트리는 일이 될 것이다. 그것은 벼랑 끝으로 내모는 일이 될지도 모른다.

  결국 할 수 있는가 없는가의 문제는 본인의 과제이고 본인의 일이다. 다른 사람의 지원과 도움이 절실히 필요하다고 하더라도 그것을 하고 못하고는 끝내 자신의 일이다. 그리고 그것을 인정받고 존중받을 때 우리는 그 가능성을 향해 자유롭게 항해할 수 있게 되지 않을까. 사람은 그렇게 살아가는 것일 터이다.

어찌 보면 지극히 당연한 이야기임에도 불구하고 내가 이제야 깨닫게 되었다는 것은 참으로 안타까운 일이다. 진우를 통해 장애를 겪으면서 비로소 그것을 알게 되었다는 것이 말이다. 그러고 보면 장애는 우리 삶의 한가운데에 자리하고 있는 특질 같은 것이었던 셈이다. 그런데 우리는 그것을 극구 부인하고 거절하며 살아왔던 것이 아닐까. 내가 처음 진우의 장애를 만났을 때 그것이 나에겐 도저히 받아들일 수 없는 일이었던 것처럼 말이다.

여전히 장애를 받아들이지 못하여 고통받는 장애인의 가족을 종종 보곤 한다. 때로는 장애를 비웃는 시선도 여전히 느낀다. 그것은 결국 자신 안의 장애에 대해 가지는 시선이며 자기혐오의 일종이 될 수 있다는 사실을 잊어서는 안 된다.

다시 나의 삶으로
돌아와서

진우가 고등학교를 졸업하고 나서 나는 바로 퇴직할 수 있었다. 진우의 탄생과 함께 접어 두었던 꿈을 20년 가까이 기다려 실현하게 된 셈이다. 진우가 대학을 가지 않게 되었기에 가능했던 일이다. 정년을 7년 남겨 둔 상황이었다. 참 얄궂은 일이었다. 진우가 심한 장애를 가졌기에 나의 꿈을 조금 더 일찍 실현하게 되었으니 말이다.

그러나 돌이켜 보면 그것은 진우를 위해서도 좋은 선택이었다. 진우가 고등학교를 졸업하고 본격적으로 사회생활을 시작하면서 그에 알맞은 지원이 다시 필요해진 시기였으니 말이다. 학교를 다닐 때는 대부분의 시간을 학교에서 보냈기 때문에 평소에는 내가 진우를 위해 그리 많은 시간을 내지 않아도 되었다. 그러나 학교를 떠나 진우는 스스로 하루를 보내야 하고 이런저런 프로그램이나 기관들을 찾아다녀야 하는 상황이 되었다. 마침 내가 퇴직하여 그런 진우를 더욱 적극적으로 지원할 수 있게 된 것이다. 진우가 사회적으로 잘 자리 잡게 된 것은 그런 나의 조력이 있었기 때문이다. 퇴직을 할 때는 그런 것까지 염두해 둔 것이 아니었지만 그것은 아주 자연스럽게 알맞은 일이 되었다.

      그 와중에 나는 작가로서 나의 삶을 새롭게 시작했다. 그것은 진우와 무관하게 나만을 위한 일로 내 삶 속에 생겨난 것이다. 그렇다고 내가 교사로서 살아온 삶이 단지 가족을 부양하기 위한 일이었다는 뜻은 아니다. 거기에도 내가 성취하고 싶은 과업들이 있었고 그것에 충실한 삶을 살았다. 그것 또한 나를 위한 삶이었다고 할 수 있다. 소중한 나의 인생이 되었고 나름 성공적인 일이 되었다. 어찌 보면 진우의 존재가 나를 미술 교사로 만들어 주었다고 할 수 있다. 인생은 그렇게 하나의 의지로만 살아지는 것도 실현되는 것도 아닌 것 같다. 이런 이유, 저런 이유, 저런 사정, 이런 사정들이 서로 얽히면서 그 가운데 생겨나는 길이 인생이라는 생각을 하게 되었다.

      그럼에도 작가로서의 삶은 내가 끝내 포기할 수 없는 꿈으로 남아 있었다. 그래서 결국 가능한 한 일찍 직장을 그만둔 것이다. 그러나 내가 그토록 작가의 삶을 살고 싶어 하는 이유는 정작 잘 모르겠다는 생각도 든다. 오랜 세월 그 꿈은 접어 두기로 마음먹었음에도 그리고 그렇게 그럭저럭 살아왔음에도 끝내 접어 둘 수 없는 이유를 정작 알 수 없는 것이다. 학교를 떠나며 왜 그런지 반문해 보아도 딱히 이유가 떠오르지 않았다. 그냥 허세일 수 있다는 생각도 들었다. 막상 작가로 살아 보면 별거 아닐지 모른다는 생각이 들기도 한다. 살아 보지 않았기에 그토록 간절한 것일지도 모른다고 말이다. 그럼에도 산다는 게 그런 게 아닐까 생각해 본다. 아주 하찮아 보이는 일에 열광하며 하루하루 충만하게 살아가는 진우를 보면 나의 삶도 그와 그리 다르지 않다고 생각하게 되는 것이다.

진우가 여전히 잘 못하는 일, 그리고 잘하는 일

★ 진우가 잘 못하는 일

양치, 머리 감기, 면도하기, 씻기

용변 뒤처리

방 정리정돈

옷의 앞뒤 가려 입기

계절에 맞게 옷 입기

신발 좌우 구분하여 신기

밥 챙겨 먹기

계산하기

시간 맞춰 움직이기

섬세한 동작

다른 사람의 입장을 고려하기

★ 진우가 잘하는 일

인터넷 서핑

기차 여행

공공기관 이용하기

병원 치료받기

사람들과 함께하기

잘못을 사과하기

말하기

영화 보기

사람 그리기

간단한 글쓰기

돈 쓰기

놀기